义乌创客

从中国小商品商贩到国际创客

许馨苓　著

中国原子能出版社
China Atomic Energy Press

图书在版编目（ＣＩＰ）数据

义乌创客：从中国小商品商贩到国际创客／许馨苓
著．-- 北京：中国原子能出版社，2019.6
　　ISBN 978-7-5022-9832-6

Ⅰ．①义… Ⅱ．①许… Ⅲ．①创业－研究－义乌
Ⅳ．① F249.275.53

中国版本图书馆 CIP 数据核字（2019）第 112704 号

内容简介

　　本书选择义乌这个典型区域的国际创客为研究对象，通过义乌国际创客的产生与发展进行深入研究，探索义乌国际创客发展路径、形态，义乌国际创客文化及发展新趋势，通过问卷调查及访谈，收集和编写国际创客创业投资成功的案例，形成著作。

义乌创客：从中国小商品商贩到国际创客

出版发行	中国原子能出版社（北京市海淀区阜成路 43 号　100048）
责任编辑	王　丹　高树超
装帧设计	河北优盛文化传播有限公司
责任校对	冯莲凤
责任印制	潘玉玲
印　　刷	定州启航印刷有限公司
开　　本	710 mm×1000 mm　1/16
印　　张	11.5
字　　数	229 千字
版　　次	2019 年 6 月第 1 版　2019 年 6 月第 1 次印刷
书　　号	ISBN 978-7-5022-9832-6
定　　价	56.00 元

发行电话：010-68452845　　　　　版权所有　　侵权必究

前　言

　　义乌是全球最大的小商品流通中心和采购基地，是全国75%日用百货类网货的采购基地。它是中国电商百佳县的冠军，位列"十大创客之城"。义乌是创业活力城，吸引着世界各地的国际采购商、国际创客等到义乌创业、发展、淘金，实现创富梦想。这些采购商和国际创客从几百元、几千元起家，在短短数年的时间里，依托义乌这个国际生产资料平台，寻觅了许多商机。

　　近年来，随着"一带一路"倡议的深入实施，作为新丝路重要支点城市的义乌融入世界的步伐越走越快，国际化程度越来越高，成了"世界超市"。

　　义乌经济发展高度国际化，由此吸引了许多国际创客来义乌经商，这些洋创客成为义乌的新创客。每年到义乌采购的境外客商有50多万人次，其中来自100多个国家和地区的1.5万余名境外客商常驻义乌，义乌的商品出口到全球210多个国家和地区。为充分发挥中外商人、企业在商务信息和人脉资源方面的优势，拓宽招引境外采购商的渠道，义乌分批建立了多个国别化、企业化和市场化的境外采购商服务中心。2018年，义乌成立了马来西亚、泰国、南非这3个首批境外采购商服务中心，并特聘郭集福等3名长期在义乌经商的中外商人为采购商服务中心主任。首批境外采购商服务中心在拓展进口贸易、促进跨境投资和搭建交流平台方面的优势很快得以体现。中心成立后仅两个月的时间，泰国采购商服务中心就组织了3场泰国采购团前来义乌进行商品采购的活动，这些采购团与义乌150多人次供应商进行了对接，产生直接采购金额600多万元。

　　2018年9月后，义乌市贸促会又追加设立了塞内加尔、黎巴嫩、土耳其、印度、墨西哥、阿塞拜疆、法国、布基纳法索、白俄罗斯、孟加拉国、喀麦隆、俄罗斯和澳大利亚这13个国家在义乌的境外采购商服务中心。目前，义乌16个境外采购商服务中心所服务的境外采购商已涵盖中欧、东南亚、非洲和澳洲等"一带一路"沿线的多个地区，为义乌全球贸易的开展奠定了坚实的基础，也为"一带一路"沿线国家经贸往来和共同发展增添了新动力。

义乌不断进行市场创新，坚持"买全球，卖全球"的战略，不仅实现了"中国商品走出去"的目标，还把外国商品引了进来。在这一背景下，有些义乌创客乘坐"义新欧"，将国外商品运回国内销售；有些甚至在国外建立工厂和海外仓，进行国际贸易。

义乌的创客在义乌经济社会的发展方面起着重要的推动作用，是经济发展的新引擎。因此，创客对义乌发展至关重要。本书将以义乌国际创客为研究对象，揭示国际创客的内涵，介绍走入义乌创业的"洋创客"和走出国门的"义乌创客"，研究在义乌经济快速发展的背景下，义乌国际创客的产生和发展。

目 录

第一章 义乌经济发展与定位

第一节 义乌经济发展

改革开放以来，我国经济社会发展取得了举世瞩目的成就，其中一个重要原因是人民群众的创业创新激情得到了充分的释放，创业创新已经成为推动社会经济发展的引擎，这在浙江义乌体现得尤为鲜明。义乌是改革开放忠实的拥护者、勇敢的探索者和先行者。追溯义乌的发展历程，义乌商人具有敢为人先的豪迈气魄以及吃苦耐劳的精神。小商品市场的诞生、发展到迭代升级是改革开放以来义乌经济社会发展的集中体现。市场和创业创新已经成为义乌经济发展的命脉。市场"聚集"和"扩散"催生"买全球、卖全球"的"义乌商圈"，使义乌从一个贫穷落后的农业县转而成为商贸发达、物流繁忙、城市繁荣的世界小商品集散中心，拥有世界性的影响力和知名度。

一、义乌经济发展

义乌地处浙江中部，金衢盆地东部，市域面积约 1 105 平方千米，下辖 6 镇 8 街道，本地户籍人口 80 多万，登记在册的外来建设者 143.7 万，来自 100 多个国家和地区常驻义乌的境外客商 1.3 万人，每年来此地采购的境外客商达 50 万人次。义乌历史悠久，建县于公元前 222 年，古称乌伤，因孝子颜乌而得名，1988 年撤县建市。义乌名人辈出，孕育了"初唐四杰"之一骆宾王、宋代名将宗泽、金元四大名医之一朱丹溪及现代教育家陈望道、文艺理论家冯雪峰、历史学家吴晗等一批名人志士。改革开放以来，义乌坚持和深化"兴商建市"的发展战略，以培育、发展、提升市场为核心，大力推进工业化、国际化和城乡一体化，走出了一条富有自身特色的区域发展道路，成为改革开放全国 18 个典型地区之一。2011

年 3 月，经国务院批准，在义乌开展国际贸易综合改革试点。义乌国际贸易综合改革试点为全省乃至全国促进外贸发展方式转变、构建开放型经济体系提供了经验，其首创的"市场采购"贸易方式已在全国 13 个城市复制推广。2019 年 1 月，义乌国际贸易改革创新升级，获批国际贸易综合改革试验区，将聚焦市场和贸易，坚持"改革＋开放、市场＋制造、传统＋新型"的方针，以融入和服务"一带一路"建设为核心，以大众贸易自由化、便利化和国际贸易高质量发展为方向，对标国际自由贸易港，着力在体制机制创新、制造业和服务业融合发展、市场化合作等方面取得新突破，创造条件，力争纳入中国（浙江）自由贸易试验区（图 1-1）。

图 1-1　义乌城市一角

义乌始终坚持把市场作为其区域经济发展的引擎，率先发展以小商品流通为主的商贸业，不断累积资本，扩大规模，促进商业资本向制造业、城市建设和社会发展等领域扩张，推进区域商业化、工业化、城市化、国际化进程，开辟了一条商贸主导、联动发展、创业富民、创新强势的特色发展之路。

义乌商贸经济发展可以追溯到明末清初。那时，勤劳的义乌人走村串户，用自制的麦芽糖兑换鸡毛，将换回来的上等鸡毛做成鸡毛掸子，下等鸡毛用来肥田，从此"鸡毛换糖"成为许多义乌农人重要的谋生手段。1980 年初，第一代义乌小商品市场从廿三里、县城的湖清门等地开始自发形成。1982 年 11 月，义乌县委、县政府做出了"四个允许"（即允许转包责任田、允许带几个学徒、允许议价销售、允许长途运销）的决定。1986 年以后，"四个允许"被重新归纳提炼为允许农民经商、允许从事长途贩运、允许开放城乡市场、允许多渠道竞争。❶

随着义乌市场的发展及其影响力的增强，客商们像潮水一样涌来，原有的市场已经不能满足发展需要，于是义乌市政府在 1992 年 11 月扩建了首个大型室内市场——篁园市场（现为篁园服装市场）。该市场拥有 1.5 万余个摊位。1995 年 11 月，拥有 9 000 多个摊位的宾王市场（现为宾王 158 文创园）建成开业，这就是第四代义乌小商品市场。进入 21 世纪，义乌市场的名声远扬海外，越来越多的外国客商来到义乌采购。为满足国际化发展的需求，从 2002 年 10 月开始，国际商贸城一期市场投入运营，到 2010 年 10 月，五区市场建成。自此，义乌建成了全球最大的市场。2013 年 11 月，义乌国际生产资料市场建成。如今的义乌市场共有经营面积 550 余万平方米，经营商位 7.5 万个，商品 180 多万种，被联合国、世界银行等权威机构称为全球最大的小商品批发市场（图 1-2）。

图 1-2 义乌国际商贸城

从 1978 年到 2018 年，义乌经济迅速发展。义乌地区生产总值、人均 GDP、财政收入分别增长了 904 倍、622 倍、788 倍。

改革开放以来，义乌发生了翻天覆地的变化，义乌充分利用市场先发的红利优势，以创业创新为新引擎，以小商品流通为载体，推进市场化、催生城市化、演进为国际化，创造了义乌经济社会发展的奇迹。义乌已经成为习近平长期关注

❶ 陆立军 . 义乌商圈 [M]. 杭州：浙江人民出版社，2006.

的一个"观测点"和"试验田"，他曾十多次到义乌调研指导，盛赞"义乌的发展是'莫名其妙'的发展、'无中生有'的发展、'点石成金'的发展"。党的十八大以来，习近平先后8次在重要国际交流场合点赞义乌，尤其是2015年12月出席中非领导人活动时，他推介义乌为世界"小商品之都"。这既是对义乌过去发展成果的充分肯定，又是对义乌未来发展的殷切期望。

二、义乌产业发展

改革开放以来，义乌产业发展经历了第一产业持续下滑，但第二、第三产业急剧上升、交织起伏、互为消长的产业结构变化，第三产业发展速度快于第二产业是产业结构顺应新时代发展需求的结果。义乌产业结构的演进离不开义乌政府提出的城市发展战略和良好的政策。改革开放后，义乌就逐步走上了小商品交易的城镇发展道路。经过数十年的发展，形成了市场带动工业、工业支撑市场的贸工互动机制，这一机制也促使产业结构以第二产业和第三产业为主，且第三产业的产值最大。

（一）义乌工业发展

义乌市场持续繁荣，为义乌工业化发展积累了大量资本，创造了销售渠道、物流、信息、人才等优势。目前，全市有各类工业企业2.67万余家，已经形成袜业、针织、拉链、日用品、饰品、毛纺、服装、玩具、化妆品、工艺品、彩印等十六大优势行业及十大产业集群（针织、服装、拉链、饰品、毛纺、印刷、制笔、工艺品、化妆品、玩具），行业市场占有率均占全国30%以上，其中无缝内衣产量分别占全球的20%、全国的80%。义乌拥有三个国家级产业基地：中国拉链产业基地、中国制笔工贸基地、中国化妆品产业基地。义乌形成了"小商品、大产业，小企业、大集群"的发展格局，拥有高新技术企业130多家，其中国家重点火炬计划高新技术企业6家；拥有研发中心135家，省级以上11家。义乌的商标综合实力居全国县级市第2位。

（二）义乌服务业发展

市场的持续繁荣带动了义乌现代服务业的蓬勃发展，尤其是电子商务、会展物流、金融等现代服务业。目前，全市已注册登记的服务业经营单位有9万多家，从业人员有50多万。义乌被浙江省政府列为全省"十一五"时期现代服务业建设五大高地之一。

1.着力打造国际小商品城会展中心

中国小商品城会展中心由中国小商品城集团公司投资 1.5 亿元建设而成。其占地 6 万平方米，建筑面积 46 500 平方米，集国际国内展览、会议、智能网络、餐饮设施等多种功能于一体，是华东地区规模最大的大型专业展馆之一，属中国展览馆协会理事单位。在展馆功能方面，中国小商品城会展中心充分考虑了人流、物流、信息流的畅通，展品车辆均可直接进入各个展厅，并布置了合理的入口和八台自动扶梯，可方便快捷地迎送八方来客。展馆全面进入现代智能网络时代，宽带传输广泛应用于展馆的整体布局中。每个展位可接驳 Internet 及 IDD，这使来宾可轻松置身于电子商务环境中，世界浓缩于荧屏之间。中国小商品城会展中心将致力进一步推进中国会展业的繁荣和发展，为国际、国内的经济技术交流提供一个充满商机和魅力的全新舞台。目前，义乌有 4 个国家级展会，其中义博会已成为继广交会、华交会之后的第三大经贸类展会（图 1-3）。

图 1-3　义乌国际小商品城会展中心

2.全力建设区域物流高地

义乌是浙江省三个"大通关"建设重点之一，是重点培育的四大现代物流枢纽之一。义乌的物流园区被列为浙江省重点扶持物流基地。海关总署专门为义乌量身定制了简化归类政策，开通了小商品"铁海联运"通关新模式，与宁波港、上海港实行跨关区一站式通关。义乌物流可直达国内 250 多个大中城市，全球海运 20 强中已有 18 家在义乌设立办事处。

3.大力培育区域金融高地

义乌市大力兴建金融机构金融商务区，大力培育区域金融高地。

4.购物旅游、文化体育等产业蓬勃发展

近年来，义乌市接待的游客人数和境外游客人数不断增多。国际商贸城购物旅游中心是全国首家 4A 级购物旅游景区。义乌有各类文化产业生产经营企业 1 万多家，文化产业产值达 1 000 亿元，成为国内文化商品的重要销售和生产基地。

第二节　从"鸡毛换糖"到"鸡毛飞上天"

改革开放激活了义乌人的经商传统，激发了义乌人的创业创新激情。义乌坚定不移地实施"兴商建市""工贸联动"的发展战略，从"鸡毛换糖"、马路市场起步，通过繁荣发展小商品市场，积极推进市场化、工业化和城市化，发展为"世界超市"，走出了一条以商贸业为龙头带动区域经济社会全面发展的新路，取得了举世瞩目的成就，成为浙江乃至全国城市经济社会发展的典型。

一、义乌"鸡毛换糖"

"鸡毛换糖"是指在物资匮乏的年代，小商小贩走街串巷，以红糖、草纸等低廉物品换取居民家中的鸡毛等废品，以获取微利。最早的"鸡毛换糖"形成于我国的浙江省义乌地区，而最终这一行为对地区经济发展的促进作用得到认可。如今，"鸡毛换糖"不仅是义乌人的商业精神，还是义乌城市的重要文化。

（一）"鸡毛换糖"历史

在义乌苦难辉煌的发展历程中，走街串巷的"鸡毛换糖"商贸文化起着十分重要的作用。据《义乌县志》记载，早在清朝乾隆年间，一些义乌农民在农闲季节，用本地土产红糖熬制成糖，去外地串村走巷，上门换取禽畜毛骨、旧衣破鞋、废铜烂铁等，博取微利。清咸丰、同治年间，糖担（图 1-4）货色增售妇女所需针线、脂粉、饰品、木梳等小商品。抗日战争前夕，义乌"鸡毛换糖"（当时"鸡毛换糖"从业者被俗称为"敲糖佬"）从业人数增至近万，发展成独特性行业。"鸡毛换糖"是改革开放前义乌人从事商贸活动的经典写照，"敲糖佬"将换来的鸡毛当作农田的肥料，或制成商品卖给供销社，获取微利。改革开放以后，贸易在一些地方逐步解禁，手工制品、农产品等摆上了集市。此时，一些义乌人不再满足于仅靠"鸡毛换糖"的方式解决生计问题，慢慢开始做起了日用小商品的买卖。

图1-4 义乌"鸡毛换糖"糖担

（二）义乌"鸡毛换糖"商贸文化

义乌小商品市场在改革开放后迅猛发展，在取得惊人成就的背后，是义乌人特有的"鸡毛换糖"文化，这种文化决定并促使了义乌小商品市场的变迁与发展。

在义乌小商品城的发展过程中，文化起着十分重要的作用，"鸡毛换糖"文化深深影响着义乌人的经商创业理念。义乌的人们在长期从事"鸡毛换糖"的小商品生产实践中形成的具有特定内涵的区域性民间商业文化发端于廿三里并为义乌人所特有，其本质上是一种精神文化。"鸡毛换糖"文化的内涵大体可归纳为五个方面：自力更生，不等不靠，自立自强的主体意识；敢闯敢冒，勇于开拓，敢为人先的创新精神；心态开放，走出引进，兼容并蓄的开放意识；百折不挠，善于变通，刻苦务实的实干精神；"微利是图"，讲究实利，重商崇利的市场观念。综上所述，义乌"鸡毛换糖"文化是一种毫厘争取、积少成多、勇于开拓的创新精神和百折不挠、善于变通、刻苦务实的实干精神。目前，"鸡毛换糖"文化已经成为义乌城市文化和义乌精神的名片，义乌人也正在用这种精神文化激励下一代人不忘吃苦，勇于创新，在"一带一路"上"鸡毛换糖再出发"。

1. 自力更生，不等不靠，自立自强的主体意识

义乌号称"七山二水一分田"，是土壤贫瘠、资源匮乏之地。此地不适宜农耕，农作物收成有限，根本不能满足人们的生存需要，但是义乌人没有坐以待毙。从清朝中晚期以来，义乌人在生活压力之下，自力更生，走出了一条"鸡毛换糖"的谋生之道。义乌人自力更生、不等不靠、自立自强的主体意识在其日后小商品市场发展过程中表现得淋漓尽致。

2. 敢闯敢冒，勇于开拓，敢为人先的创新精神

义乌的"鸡毛换糖"及其历史文化的发展是历经坎坷的。"鸡毛换糖"起源于清乾隆时期。在儒家重农抑商文化占统治地位的大环境之下，义乌人"弃农经商"去做"鸡毛换糖"的行为在当时看来是离经叛道的。"鸡毛换糖"本身就是对传统文化和生产方式的一种颠覆，反映了义乌这块土地上的人民具有创新、勇于开拓的精神。

在走上市场经济的道路后，义乌人充分发挥敢于冒险、创新的精神，推行了一系列新制度和新做法：率先开放城乡市场，允许农民经商，培育全国乃至亚洲最大的小商品市场；率先依托专业市场举办小商品国际博览会等众多国际性的展会，逐步成为国际知名展会城市；率先走出国门建分市场，在西班牙、波兰、南非、捷克、柬埔寨、俄罗斯、乌克兰等国创办国外分市场和海外仓；率先创办义乌商贸学院，在全国首开县市办大学之先河……有了这样的冒险创新精神，在国际贸易综合改革试点期间，义乌敢于尝鲜，创新性地积累了一大批可推广的改革经验，在全国率先探索建立"市场采购"贸易方式，从根本上解决了专业批发市场外贸发展的制度缺失问题。国务院更是将义乌市场创新的采购贸易方式试点的经验在全国复制推广。

3. 心态开放，走出引进，兼容并蓄的开放意识

在"鸡毛换糖"商贸文化起源初期，义乌人民多在全国各地闯荡。他们受到多地文化的熏陶，逐渐形成了开放、包容、融合、共存的意识。这种文化内核是代代"敲糖佬""走出去"文化逐步沉淀的结晶。

因为义乌可用于耕地的面积小，土地出产的物品不足以果腹，所以农民忙时务农，闲时外出"鸡毛换糖"，脚步踏遍大半个中国。他们久见世面，心胸开阔，开放意识很强。这种开放的意识在市场经济时代发挥了至关重要的作用。在计划经济时期，由于当时物品短缺，义乌商人发现小商品比糖更受欢迎，因此经常从周边县市收集一些小商品用来换鸡毛或者出售。在这个流动售卖过程中，义乌经商农民积累了很多对商业流通的认识。当改革开放和市场建立起来以后，开放的义乌农民纷纷加入经商的行列，当时市场摊位一度供不应求。现在的义乌人比父辈更加开放。他们继承了父辈敢闯敢冒、艰苦创业的精神，而且比父辈更有文化、更有气魄、更勇于和善于走出去，为了更大的发展，为了过上更富裕的生活，甚至为了实现更高的人生价值而不断奋斗。

抓住我国加入 WTO 和经济全球化的巨大机遇，义乌大力推进市场国际化进程，积极发展国际贸易。"一带一路"倡议的提出使义乌以全新的姿态出发。随着全球最长的双向常态化运行"义新欧"中欧货运班列和8条国际线路的开通大量的国际商客来到义乌经商采购，而开放的义乌人更是将市场搬到了许多国家和地区，还在义乌市场单独开设国际进口馆，实现了从"买全国货、卖全国货"向"买全球、卖全球"的转变。

4. 百折不挠，善于变通，刻苦务实的实干精神

在以重农轻商、重义轻利为主导意识的社会里，从事商业活动被视为不务正业。义乌人肩挑货郎担，手摇拨浪鼓，风餐露宿，走村串巷，从事小商品经营，不仅艰苦辛劳、得益不多，还有名不正言不顺之嫌，但是这些使他们刻苦务实、不畏艰辛。市场经济是实干经济，要想在变幻莫测的市场经济中赢得一席之地，就必须具备吃苦耐劳、忍受艰苦环境、不达目的誓不罢休的刻苦务实精神。

5. "微利是图"，讲究实利，重商崇利的市场观念

义乌人"微利是图"，积少成多，靠这一分一厘的集腋成裘，完成了原始积累，为其后义乌市场的发展和无数次创业奠定了雄厚的资金基础。以上观念成为小商品市场发展的重要推动力。义乌人具有根深蒂固的追求商业利益的市场经营理念。"鸡毛换糖"式的小商品生意不仅使义乌人获得了些许实利，鼓了腰包，还使他们落得不少毛料，肥了农田。奔走四方、闯荡经营的义乌人逐渐明白了互通有无的重要性，懂得了求利经商的重要意义。

（三）义乌市场从"鸡毛换糖"到"鸡毛飞上天"

一部以义乌人创业为主线的电视剧《鸡毛飞上天》热播，它全面讲述了义乌从"鸡毛换糖"到"鸡毛飞上天"的整个历程，诠释了具有"鸡毛换糖"精神的义乌商人如何成长为"买全球、卖全球"的国际创客。义乌已经吸引了全世界的国际创客前来创业投资。

1. "从无中生有"建立义乌小商品市场

历史上，义乌是一个土壤贫瘠、资源严重匮乏的落后地方。由于地少人多，迫于生存压力，早年的义乌农民奔走在全国各地，走街串巷，敲糖换鸡毛。改革开放初期，在义乌这个农业小县里，就有人挎着篮子在马路边卖手工制品、农产品，农民自发摆摊形成的马路市场让政府看到了义乌的商机。1982年，义乌市场发展历史上著名的"四个允许"产生了：允许农民经商、允许从事长途贩运、允许开放城乡市场、允许多渠道竞争。此后，政策的红利使义乌农民的创业经商激情高涨，慢慢地，义乌从"一穷二白"走向了富裕。

2. "无奇不有"的国际商贸城

多年来，义乌结合地方特点实施了"以商促工、工商联动"策略，引导商业富余资本投向工业领域，依托小商品市场，形成了有特色的民营企业，大力发展小商品加工业，形成了"小商品、大产业、小企业、大集群"的工业经济发展格局。如今的义乌小商品市场已经发展成国际商贸城，形成12个专业市场（小商品市场、通信市场、家电市场、旧货市场、汽车城、义乌装饰城、物资市场、义乌农贸城、家具市场、二手车交易市场、木材市场、出版物中心），20多条专业街相支撑，运输、产权、劳动力等要素市场相配套的市场体系。义乌商品闻名海内外，从针头儿线脑儿、鞋带儿、纽扣儿、拉锁儿、牙签儿到精致的礼品、精美的饰物；从鞋袜、围巾、帽子、服装到毛纺织品；从各种玩具、打火机到电视机、红木家具、各种五金工具和电子产品。这里无奇不有，凡是日用百货中人们能想到的，这儿没有不卖的。

3. 从"莫名其妙"到"世界超市"

习近平曾多次到义乌考察，评价义乌的发展"莫名其妙"。义乌莫名的崛起，但其发展有自己的精妙之处。习近平称赞义乌经验是过硬的，"义乌是改革开放以来浙江县域经济发展的典型"。义乌在短短几十年间实现了从传统农业小县到全国经济强市，从马路市场到全球最大小商品批发市场，从工业小县到工业强市，从内陆小城到国际化都市，从温饱不足到富裕小康的跨越。改革开放以来，尤其是"兴商建市"以来，义乌城市的发展呈几何式增长，变身为"买全球，卖全球"的"世界超市"。

4. "点石成金"的"一带一路"钢铁驼队

如今，义乌是全球最大的小商品集散地。在落实"一带一路"倡议的大背景下，义乌开通了"义新欧"中欧班列，与"一带一路"沿线国家经贸的合作更加密切，逐渐成为新丝绸之路上重要的支点城市。义乌借助原有的客流、物流和世界商贸网络优势，全力建设世界"小商品之都"，走出去与引进来并重，努力构建全球"义乌系"市场网络，让"买全球、卖全球"成为现实。目前，义乌已在宁夏贺兰等地设立进口商品直销中心，在波兰华沙设立中国小商品城首家海外分市场，并在"一带一路"沿线设立海外仓17个，在白俄罗斯中白工业园区投资建设欧亚小商品集散中心项目。此外，义乌还与86个"一带一路"沿线国家的城市保持官方交流往来，与西班牙、巴塞罗那等18个国家和地区、24座城市结成了"姐妹城市"，与"一带一路"沿线64个国家和地区建立了贸易往来。2016年，义乌实现进出口贸易总额2 229.46亿元，其中与"一带一路"沿线国家实现进出口贸易1 145.47亿元。

义乌的"鸡毛换糖"史是一场波澜壮阔的"鸡毛换糖"活动，是一种不甘于命运的"鸡毛换糖"精神，让世界看到了"鸡毛飞上天"的传奇。

第三节　义乌小商品市场业态变迁

市场是义乌经济的命脉，改革开放以来，义乌的市场发展经历了许多挑战。义乌商品以劳动密集型制品为主，大多数产品处于产品价值链的末端，而且产品的附加值较低，产品产值不高，易被模仿和抄袭；部分市场经营主体跟不上新的经济形势，不少经营户固守传统的"一招鲜，吃遍天"的经营模式，创新意识和创新能力不强，低价竞争；高端日用消费品供给能力弱，产品的市场竞争力不足；市场综合服务能力亟待提高，金融、保险、咨询等社会服务和大数据开发应用不足，本土产业对市场的支撑作用有所弱化；"卖全球"步伐慢；等等。面对诸多的挑战，秉承"鸡毛换糖"精神的义乌人大胆创新，不断摸索，勇于尝试，实现了市场商业模式的全面创新和市场业态的演进，推动了义乌市场的转型升级。

一、义乌市场演变

改革开放以来，义乌市场经历了5次搬迁，10次扩建，实现了从"马路市场—棚架市场—室内市场—商场式市场"的跨越，从零散交易的集贸市场发展为大批量的全球商品集散地，从现场、现货、现钱交易市场发展为现货交易、订单交易和电子交易并存的现代展贸市场，从"本土产、本土销"区域性集市市场发展为"买全球、卖全球"的"世界超市"。

义乌市场的"5拆10建"从发展过程看，大致可分为五代市场，六个阶段。

（一）萌芽与初创期（20世纪60年代末—1984年）

义乌小商品市场最早可以追溯至20世纪60年代末的廿三里，1974年春节前后，稠城镇县前街湖清门也兴起了小商品市场。1978年底，义乌稠城、廿三里两镇的农民自发地在镇村马路两侧摆起地摊，并逐步形成了"马路市场"（图1-5）。

1982 年 3 月 26 日，就稠城市场整顿问题，县长再次召开会议，即义乌小商品市场开放前夕著名的"第二次县长办公会议"。1982 年 9 月，义乌县政府正式开放稠城镇小百货市场，当时的投资额为 9 000 元，建设了露天的简陋市场，摊位有 705 个，成交额为 392 万元；1983 年，湖清门市场摊位数增加至 1 050 个，成交额达 1 444 万元；1984 年，湖清门摊位发展到 1 887 个，成交额达 2 321 万元，商品开始销往义乌周边县市。

这一阶段主要是发扬了义乌"鸡毛换糖"的精神，奠定了其发展的先发优势，完成了两代市场的更替。商品流通范围也逐渐跨出本县，向周边及外省辐射。

图 1-5　义乌马路市场

（二）形成与发展期（1985—1991 年）

1984 年年底，义乌县政府确立了"兴商建县"的总体发展战略方向，把市场摆在义乌经济社会发展的龙头地位。政府投入 57 万元，在新马路建成第二代小商品市场。该市场占地约 1.3 万平方米，固定摊位 1 800 个。1985 年，摊位数猛增至 2 874 个，市场成交额超过 5 000 万元。第二代小商品市场实现了由"马路市场"向"以场为市"的转变，商品流通范围已经向外省市辐射。义乌农民纷纷加入经商队伍，外地商户也涌入义乌经商，摊位供不应求。1986 年，政府再次投资 40 万元用以建设第三代小商品市场。第三代市场占地 4.4 万平方米，固定摊位近 4 100 个，临时摊位 1 300 多个，市场内设施和管理服务更加完善。1988 年，义乌"撤县建市"后更加重视培育市场，其后进行多次扩建。截至 1990 年底，市场占地面积达 7.7 万平方米，摊位 10 500 多个，成为全国最大的小商品专业批发市场。1991 年，市场成交额快速增加到 10.12 亿元。市场辐射更是扩大至全国各个地区，尤其在东北、西北、华北等地区产生了很大影响，因此这三大市场又被称为义乌的"三北市场"。此时，市场的扩张和流通业的发展逐渐成为义乌城市发展的支柱力量。

这一阶段主要抓住了市场经济初期商品供应不足的机遇。在经历前期的萌芽发展后，义乌市场规模不断扩大，摊位总数、商品种类不断增加，市场发展逐步成为城市发展的主导力量。

（三）全面拓展、深入发展期（1992—2001 年）

1992 年 2 月至 1995 年 11 月，义乌建设了第四代小商品市场——篁园市场（图 1-6）和宾王市场（图 1-7）。截至 1995 年底，义乌市场占地面积达到 46 万平方米，经营户商位达到 3.4 万个，市场交易额猛增至 152 亿元，成为当时全国最大、档次最高的室内批发市场。除此之外，这一时期的市场管理服务能力增强，市场功能进一步健全，从单一的贸易转化为贸易与展示相结合的方式。随着义乌市场辐射能力的增强和范围的不断扩大，陆续有外企、外商入驻义乌建立采购点，国际贸易在市场交易中的占比日益上升，国际影响力逐渐增强，促使义乌市场迈入了国际化发展的新阶段。

图 1-6　义乌第四代小商品市场——篁园市场

图 1-7　义乌第四代小商品市场——宾王市场

这一阶段主要是抓住了计划经济向市场经济过渡的历史机遇，大力发展国内贸易，拓展国际贸易，构建国内商品流通网络，市场总体功能进一步健全；市场主体多元化，市场规模优势和辐射能力超越其他市场，逐渐形成了"买全国货、卖全国货"的格局。

（四）国际化发展期（2002—2010 年）

在 21 世纪，义乌市委、市政府紧紧抓住市场发展国际化这一新趋势，于 2002 年提出了建设国际性商贸城市的目标，从此义乌小商品市场走上了国际化的发展道路。为了顺应国际化发展需求，义乌建设了第五代专业市场——中国义乌国际商贸城（图 1-8）。2002 年至 2008 年，国际商贸一期市场、二期市场、三期一阶段市场（四区市场）也相继建成并投入使用。此时义乌市场已经演变为现代化商场式市场，经验商位面积扩张至 9 ～ 15 平方米，很好地满足了一般商户"展示 + 贸易"的需求。义乌市场自 1991 年以来，连续 27 年居全国各大专业市场榜首，市场的国际化程度和国际影响力也不断在提升。

图 1-8　中国义乌国际商贸城

这一时期主要抓住了我国加入 WTO 和经济全球化的巨大机遇，大力推进市场国际化进程，积极发展国际贸易。义乌市场开始步入国际化的新阶段。

（五）国际贸易综合改革试点与"一带一路"转型机遇期（2011—2018 年）

2011 年对义乌小商品城而言是一个具有里程碑意义的年份。这一年是义乌新五年规划的开局之年，也是中国国际贸易综合改革试点元年。国际贸易综合改革试点工作持续推进，不断破除商品贸易的体制瓶颈，为小商品市场再上台阶创造了机遇。随着义乌市场群持续壮大，2011年5月，义乌国际商贸城五区市场和新篁园市场接踵建成并投入使用，五区市场占地面积266.2亩，建筑面积64万平方米，商位7 000余个。新篁园市场建筑面积42万平方米，商位5 700余个，成为集服装外贸、批发、零售、商品展现、新品发布、商务酒店、休闲餐饮为一体的现代化商场式市场。2013年，义乌国际生产材料市场建成并投入使用，这是义乌城市品质提升和小商品市场转型升级的重要载体，实现了小商品市场与生产资料联动发展的良好格局。

在国际贸易综合改革试点期间，义乌勇于创新，敢于尝鲜，创造性地积累了一大批可复制、可推广的改革经验，改革红利持续释放。义乌率先探索建立"市场采购"贸易方式，从根本上解决了专业批发市场外贸发展的制度缺失问题，促使中小微企业参与国际贸易。义乌外贸出口从2010年的240多亿元增长到2016年的2 240多亿元，增长将近10倍，作为一个县级市，份额占到全省的1/8、全国的1/62，国务院更是将义乌市场采购贸易方式试点的创新经验在全国复制进行推广。

随着义乌市场辐射能力的增强和辐射范围的扩大，义乌市场的国家影响力逐渐增强。自"一带一路"倡议提出及实施以来，义乌深度融入国际舞台，海外贸易圈越拓越大，市场商品已辐射到全球219个国家和地区，20多家跨国零售集团进驻义乌。与此同时，义乌也在加大力度建设国际贸易进口馆，市场新开设的5万平方米国际馆目前已引进52个国家的2.7万种境外商品。义乌开通了全球最长的双向常态化运行"义新欧"中欧货运班列，并开通西班牙、伊朗、德国、阿富汗、英国等8条线路，成为地方在国家"一带一路"建设实践中的典范，义乌市场正从"买全国货、卖全国货"向"买全球、卖全球"转变。

（六）国际贸易综合改革试验区改革深化期（2019年以后）

2019年1月4日，浙江省委、省政府批复了《义乌国际贸易综合改革试验区框架方案》，这是义乌国贸改革建设的成果和转型升级。试验区将以供给侧结构性改革为主线，做强市场和贸易这一特色优势，坚持"改革＋开放、市场＋制造、传统＋新型"的发展方向。具体来说，就是试验区将对标自贸区，以大众贸易自由化、便利化和国际贸易高质量发展为方向，主动融入和服务"一带一路"，着力推动市场转型升级、创新发展，尤其是适应现代信息技术大爆发、商业模式大变革的内在要求，大力发展电子商务和现代物流，市场功能进一步向商品展销、信息集散、价格形成、旅游服务、产品创新、技术交流、标准制定、规则输出等复合型方向拓展，交易方式由传统的现场、现货、现钱交易向洽谈订单、电子商务、物流配送等现代交易方式转变，在全国率先建成线上线下融合化、业态结构多元化、交易手段电子化、服务功能复合化的现代新型专业市场。

二、义乌市场变迁发展特点

通过多年的培育发展，义乌市场流通业态不断创新，结构功能日趋完善，综合竞争力不断增强。义乌走出了一条"莫名其妙、无中生有、点石成金"的特色鲜明的发展道路，并在全球商品流通体系中扮演着重要角色。

（一）市场集聚辐射能力强

根据我国商务部颁布的《小商品分类与代码》，义乌市场有 16 个商品大类、4 202 个种类、170 多万种单品。义乌市场经营了 43 个行业，集聚了 1.8 万余件商标，800 多件驰（著）名商标，6 000 余家总代理、总经销。联合国、世界银行等联合发布的《震惊全球的中国数字》报告指出，义乌市场是世界上最大的商品批发市场。义乌市场凭借规模、信息、物流和配套服务优势为全国经营主体构筑了共享式的销售平台，吸引了 6 万多家经营主体入场经营，全国有 20 多万家企业直接向市场供货。

（二）市场国际化程度高

目前，义乌与 219 个国家和地区有贸易往来，超过 1.3 万名境外客商常驻义乌进行国际采购。2010 年，义乌入境外商达 42.2 万人次，同比增长 32.9%。全球 18 家知名公司在义乌设立办事处。外国企业常驻代表机构数首次突破 3 000 家，同期外商投资合伙企业跃升至 21 家，均居全国县域首位，吸引了多家跨国零售集团进驻义乌。迎着"一带一路"倡议的东风，"搭乘""义新欧"班列的义乌商人大步"走出去"。在政府的支持和鼓励下，秉承着"鸡毛换糖"精神的义乌商人大举挺进海外，"义乌创客"在国际经贸舞台上大展风采。仅阿联酋迪拜就有 2 000 多义乌商人，俄罗斯莫斯科有 50 多家义乌店，义乌创客在南非创办了中华门商业中心，还在多国和地区建设海外仓，在五大洲都能见到义乌创客创业投资的身影。涉外管理服务体系日益完善，设立了海关、全国第一家可管辖涉外民商案件的基层法院、全国首家涉外纠纷人民调解委员会（简称"外调委"），开创了"以外调外"的模式。义乌是全国第一个设立出入境管理局的县级市和全国首个可以直接受理外国人在华就业行政许可的县级市。

（三）市场功能不断创新

在市场变迁的发展过程中，义乌始终坚持功能提升和创新，引领市场发展潮流。从 2006 年 10 月开始，由国家商务部主持编制的"义乌·中国小商品指数"定期向全球发布，其成为全球小商品生产贸易价格变动的"风向标"和"晴雨表"。2008 年 11 月 1 日，由国家商务部正式发布并实施我国乃至全球第一个有关小商品分类的标准——《小商品分类与代码》，全球小商品有了"义乌分类法"。义乌市场实现了由单纯输出商品向综合输出商品、信息、规则的重大转变，为中国日用消费品走向国际主流市场开辟了更为广阔的空间。

（四）市场业态不断创新

义乌市场组织形态已从简陋的集贸市场转变提升为现代化、国际化的新一代市场，特别是电子商务发展态势强劲，网商队伍发展迅速，第三方平台加速集聚，虚拟与实体市场互动效应更为凸显。目前，全市集聚了 20 多万家网商、几百多家第三方平台企业，年快递业务量居全国第二位，年成交额超 2 000 多亿元。

三、义乌小商品市场业态变迁面临的新形势、新任务和新要求

第一，市场作为战略资源的地位和作用更加突出，市场竞争日趋激烈。在后金融危机背景下，市场"扩内需、稳外需、转方式、促就业"的作用日益凸显。许多地方都大力发展市场，各重点市场、区域性市场正在加快改造提升，市场同质化竞争加剧、市场分割明显等问题日益突出，特别是区域性市场分割比较明显。

第二，专业市场面临新技术广泛应用和新型流通业态快速成长的挑战和机遇。随着通信、网络、多媒体等技术的广泛应用，物流、现代商业管理能力的不断提升，电子商务、连锁经营等新型流通业态迅猛发展，批发市场面临如何促进有形市场与无形市场融合发展、共同繁荣的重大挑战，面临如何有效监管和服务全新流通业态等重大课题。

第三，专业市场发展进入转型时期，专业市场肩负着推进发展方式转变、实现自身转型升级的双重任务和双重压力。目前，我国专业市场发展存在着交易方式传统、经营主体素质整体不高、国际化层次偏低等突出问题。前些年，义乌市场"先人一步"发展并取得了一些成绩，但先发优势日益衰减，一些结构性、素质性和要素性矛盾也相继显现出来，如产业支撑能力不强、经营主体素质不高、来义乌的外商实力不强等。

第四，现行外贸监管政策与小商品贸易的特殊性不相适应。小商品具有种类

多、更新快、非标化等特点，市场交易方式呈现单笔规模较小、贸易主体众多、交易活动频繁等特征。按现行一般贸易方式实施出口监管，存在归类难、核价难、成本高、效率低等问题，这些问题亟待改革完善。

第四节　义乌电子商务与小商品城业态创新

近年来，电子商务发展迅速，给以传统线下市场为主的经济组织形式的义乌带来了巨大的挑战，但义乌在新型经济发展背景下牢牢抓住了巨大的发展机遇。从"电商换市"到"一根网线卖全球"的全民电商，从发展滞后的传统产业到建立电子商务产业科技园区，义乌市场面临的信息流和商流更加开放，专业市场与电子商务融合联动发展。义乌充分利用了国内、国外两个市场，在国内电商密集度位居全国第一，外贸电商密集度位居全国第二。电子商务园区的规划与建设、农村电子商务体系的发展为义乌电子商务产业集群的发展带来了新动力。线上线下融合发展的道路使义乌在继续保持小商品专业批发市场传统优势的同时，成为中国唯一获批的国家电子商务示范城市。

一、义乌电子商务发展

（一）萌芽产生（1998—2002 年）

义乌市电子商务起步于 1998 年初，在网络蓬勃兴起之时，义乌电子商务就已开始萌芽发展。被称为中国网店第一村的青岩刘村是义乌最早发展起来的电子商务淘宝村（图 1-9），针对淘宝电商推出混批模式并加入数据包服务的"俏货天下"等都是在这里诞生的。1998 年 5 月，义乌组建了中国小商品城互联网络信息公司，建立了"商城信息"网站。网站先后推出了"商城介绍""企业之星""商城导购""外贸之窗""新品上市""供求信息"等 10 多个栏目。"商城信息"网站也因此被广大经营户和商人称为"网上永不落幕的小商品博览会"。网站实现了与招商银行、工商银行等机构的信用卡联网支付；功能齐全，集交易平台、搜索引擎、支付中介、配送中心等功能于一身，为全球商人提供小商品信息中介服务，初步实现了"义乌小商品一网通天下"的目标，拟通过该网站的电子商务运作实现成为世界小商品市场中心的目标。网站还为近百家企业注册了国内、国际域名，为 90 多家企业制作了网页。截至 2002 年，"中华商埠"拥有 10 多万个国内外正式用户，会员数以 10% 左右的速度增长；2002 年底，在线成交额已超过 500 万元，协议成交额达 1.1 亿元。

图 1-9　义乌中国网店第一村

（二）百家争鸣（2003—2007 年）

2003 年以来，随着义乌小商品市场辐射范围的扩大和市场影响力的增强，在政府电子商务支持性政策的大力指引下，国内一些电子商务行业巨头认识到义乌市场的巨大商机，纷纷来到义乌抢占市场。在全国性电子商务平台方面，相继有阿里巴巴、中国制造网、慧聪网、环球资源网、生意宝及文笔网等 B2B 电子商务网进驻义乌市场，并进行深度开发；淘宝网、易趣网、拍拍网、有啊网等 B2C 或 C2C 网站也在义乌电子商务快速发展中获益。随着义乌电子商务的蓬勃发展，各种类型的网站也大量涌现，发展迅猛。其中，投资额超过 1 000 万元的有 3 515（商务义乌）、中国外贸通网、搜货网、义乌全球网等。2007 年，仅义乌中国小商品城电子商务网站的商品就多达 50 万种，产品广告 4 000 多个，基本实现了信息发布、网上工作和网络支付相结合的功能。在这一阶段义乌不断建设并完善了电子商务服务平台，打造小商品数字商城，将线下 4 万多个体户店铺全部纳入互联网。

（三）蓬勃发展（2008—012 年）

2008 年以后，义乌电子商务依托市场资源与信息、物流的优势，得到了迅猛发展。中小企业电子商务应用在全国居领先地位，行业网站优势比较明显。这一时期，在电子商务平台和网站领域方面，一些优势平台脱颖而出，如淘宝网、阿里巴巴等。与此同时，义乌在量的基础上，培养了一批实力较强的本地电子商务平台。除此之外，市场与电子商务紧密融合发展，在此过程中，义乌逐步形成了比较成熟的电子商务交易模式，尤其是 B2B、B2C 及 C2C 等交易模式都得到了较好的运用和创新。

据相关部门统计，2008 年义乌电子商务营业额突破 50 亿元，2009 年电子商务交易额高达 500 亿元，2010 年义乌市网商营业额达 500 亿元，其增长势头直追有形市场。

（四）"网上丝路"货通全球（2013 年以来）

"一带一路"是"新丝绸之路经济带"和"21 世纪海上丝绸之路"的简称。2013 年，国家主席习近平提出了建设"新丝绸之路经济带"和"21 世纪海上丝绸之路"的合作倡议。"一带一路"旨在借用古代丝绸之路的历史符号，积极发展与沿线国家的经济合作伙伴关系，共同打造政治互信、经济融合、文化包容的利益共同体、命运共同体和责任共同体。被誉为"世界超市"的义乌是典型的全球贸易强市和国家电子商务最发达的城市之一，还是"一带一路"建设的排头兵和重要支点城市。2013 年以来，义乌紧紧围绕"一带一路"倡议精神，"鸡毛换糖"再出发，全力建设"新丝路"和"网上丝绸之路"。义乌跨境电商与"一带一路"呈融合互动态势。

根据"一带一路"倡议，义乌总体规划建设了丝路新区和陆港新区，着力推进与"一带一路"沿线国家和城市的贸易合作、科教人文交流，促进跨境电子商务的发展。因此，政府对跨境电商企业、平台及平台配套服务商给予财政资金和政策方面的支持。义乌经济体呈现线上线下融合互动的良好态势。一方面，义乌依托实体市场构建了连通全球的商脉网络、遍布全球的产业协作基地、通江达海的物流配送体系、完善发达的商业配套服务等；另一方面，借助亚马逊、eBay、速卖通等一大批国内外知名跨境电商入驻义乌的优势，通过线上线下结合的模式，为"网上丝绸之路"建设提供了新路径。针对物流限制，义乌采用"双轮驱动"战略，逐步培育并形成了独特的仓储物流优势，开辟了中欧贸易物流新通道，加大与"一带一路"沿线国家和地区的物流互联互通，并在"一带一路"沿线国家和地区建设海外仓，探索"市场采购贸易＋海外仓"的 B2B2C 跨境电商模式。

截至 2017 年底，义乌市实现电商交易额 2 220 亿元，同比增长 25.3%。其中，跨境电商 747.57 亿元，同比增长 15.03%；跨境网络零售交易额 221.27 亿元，同比增长 38.24%；全年跨境快递出票 1.07 亿件，同比增长 83.98%。跨境电子商务成为外贸发展的重要补充和新增长点。义乌市外贸进出口总值 2 339.4 亿元，同比增长 4.9%。其中，出口 2 304.5 亿元，增长 4.7%。"一带一路"沿线国家进出口总值 1 181.8 亿元，同比增长 3.2%。其中，印度、伊朗、菲律宾在"一带一路"沿线国家中排名前三，分别进出口 148.0 亿元、122.3 亿元、82.7 亿元，同比增长 20.2%、19.9% 和 9.0%，实现了较快增长。义乌跨境电商出口销售区域已覆盖全球 200 多个国家和地区，在跨境电商交易额前十中，"一带一路"沿线国家占据了 7 个席位；"义新欧"班列已往返运行 228 列，合计发运 18 487 个标箱。至 2016 年底，义乌已建设海外仓 22 家，总面积达 5 万多平方米，其中在俄罗斯、匈牙利、波兰等"一带一路"沿线 7 个国家建立了 10 个海外仓。海外仓建设实现了物流企业、跨境电商经营者和海外消费者的"三赢"，既减少了中间环节，降低了物流成本，又提升了售后服务水平，实现了退换货的本地化，从而提高了海外客户的购买欲望，加快了义乌跨境电商发展和"网上丝绸之路"建设。

二、义乌电子商务产业集聚发展状况分析

义乌小商品城的营业面积为 400 余万平方米，拥有商铺 6.2 万个、市场主体总数 14.6 万户。义乌实体专业市场的传统优势及持续发展为义乌电子商务的发展提供了保障，同时电子商务为义乌实体经济及市场的发展注入了新的活力。

（一）义乌电子商务集群现况

据统计，日用百货类商品约占全国网络货物交易额的 40%，而 75% 以上的日用百货类网货直接或间接来自义乌市场。2012 年以来，义乌电子商务交易额年均增幅超过 20%。商品品类越来越多，已涵盖家居家装、服装、饰品、针织纺品、化妆品、玩具、工艺品、箱包、运动户外、汽车用品、五金、音响器材等众多领域。销售区域已覆盖全球 210 多个国家和地区。在 2016 年双十一全球购物狂欢节时，义乌参与活动的商家为 10 万余家，双十一当天实现成交额 59.5 亿元，同比增长 27.1%。其中，淘宝天猫平台交易额为 45.6 亿元，占淘宝天猫双十一 1 207 亿元的 3.78%；京东等其它平台交易额超过 6 亿元；跨境电商交易额超过 7 亿元。双十一当天，快递发件 1 080.32 万票，位居全国第二。电子商务在义乌得到迅猛发展，初步形成了义乌独特的电子商务行业集群现象。

1. 市场内的电子商务嵌入式集群

义乌市场囊括了饰品、工艺品、日用品、五金产品、电器等 28 个大类，共 40 多万种产品。这些产品 40% 以上实现了本地化生产，同时消费者可以通过网络进行选购。传统市场经营者在产品、价格、渠道、顾客、品牌等方面具有资源

积累优势，其强大的线下业务可作为其发展电子商务网上交易的稳健支撑，较纯网络型电子商务更有竞争力。义乌国际商贸城目前有宽带用户 34 900 余户，其中 2010 年上半年新增 8 786 户，市场商位宽带普及率为 70% 左右，成为全省乃至全国宽带用户最密集的市场之一。另外，调查显示，义乌国际商贸城内 35% 左右的店主拥有自己的网站或者网络店铺，另有 40% 左右的店主正在考虑自建网站或者拥有网络商铺，而大多数店主已经成为某个或多个大型商务网络平台的付费会员，并通过这些网络平台取得了较高的交易成功率。

2. 市场外新兴电子商务集群

近两年，越来越多的网商开始在义乌集聚。凭借需求信息快捷、场地成本低廉、组织运作灵活等优势，一些颇具实力的电子商务群落在义乌传统专业市场之外兴起，成为义乌当地不可小觑的财富新军。义乌江东街道已成为义乌电子商务新兴密集产业带，大部分义乌淘宝网商在此依托义乌市场开展电子商务经营活动。

3. 电子商务服务提供商集群

随着义乌电子商务集群的快速发展，一大批电子商务服务技术及平台提供商在此云集。除此之外，在义乌本地，一大批实力较强的电子商务服务平台也相继建立起来。

（二）义乌电子商务集群发展中存在的问题

针对以上义乌电子商务集群现象，其在发展过程中存在以下问题：

1. 传统专业市场受到的挑战

义乌传统市场的强势和发展电子商务集群之间存在内在的矛盾。随着市场的繁荣，问题随之显现。一是市场巨大的物理空间、繁多的商品种类增加了采购商的搜寻时间和成本；二是市场商品价格、品种及质量等商品供求信息的泛滥和不对称影响采购者的决策成本；三是市场的发展导致商位租金及其他经营费用剧增。

2. 新兴电子商务群落发展存在的瓶颈

市场外新兴电子商务群落在发展过程中也遇到一些问题，如以"传统市场—淘宝店铺—快递配送"模式存在的大量零售网店，普遍经营规模偏小，存在散乱现象；小商品种类繁多，各淘宝网点常经营同类产品，并且价格相差很大，造成网上商品品种及价格信息的混乱；有的店铺由于某种需要，有意低价出售商品，造成无序的低价竞争，制约淘宝店铺快速成长；集网络办公、仓储堆栈于一体的狭小场所使网上多品种混批、大批量接单方面的能力受到限制；小规模网店由于受资金及人员规模的限制，大规模网上推广及物流运作的实力有限；这些场所在功能设计上存在先天的不足，在吸引一大批网商入驻以后，相应的配套设施和服务相对缺乏，导致一些网商在扩大规模后，由于在仓库规模及物流服务等方面存在问题而不得不另找场所。

3. 电子商务平台的功能定位及竞争结构

集聚义乌的全国性、本地性、全局性或行业性的各种组织结构及体制下的电子商务平台众多，其规模和功能相差很大。在 B2B 及 C2C 平台方面，存在阿里巴巴和淘宝网一家独大的现象，其他众多平台由于在功能定位、运作特点及服务质量等方面没有形成有效突破，同质化竞争严重，持续健康发展困难。诸多平台在推广上无序性竞争，在服务质量上良莠不齐，这使众多潜在网商难以抉择，导致电子商务服务提供商的行业整体形象和信誉受损。电子商务服务提供商的整体功能有待加强，一大批平台站点仍只停留在信息展示层面上，功能严重缺失。近年来，一批曾被投入巨资并大力推广的义乌本地电子商务网络平台由于以上或其他诸多原因，面临严重的经营困难，甚至退出市场。

（三）义乌电子商务集群发展模式分析

产业集群现象主要存在于制造业、高科技产业、现代服务业等第三产业中，其现实形式也是多样的，包括高技术产业园区、中央商务区等。义乌电子商务产业集群的发展主要体现在开发区、电子商务产业园、电商小镇等的兴起。电商园区以电子商务为发展主线，通过引入电子商务产业链上下游的企业，为电子商务企业提供一体化、集成式的服务，依托并持续优化电子商务产业链，以形成产业的有效聚集。

1. 开发区模式

随着经济全球化的发展，具有一定合作关系的企业或产业在一定区域内集聚，关系日益紧密，依赖程度日益加深，由此形成的产业集聚现象开始成为经济持续发展的强大动力。越来越多的学者开始关注产业集聚这一特殊现象领域，各个国家也相继涌现了产业集聚发展的大量成功实例，如美国硅谷产业集聚、日本筑波科学城产业集聚、中关村科技园区产业集聚等。可以说，产业集聚已经发展成为新形势下极具研究价值和现实意义的世界经济现象。

同时，从 20 世纪 80 年代我国第一个开发区诞生至今，开发区不断发展，数量成倍增长，创造了巨大的经济效益和社会效益。其中，又以国家级开发区最具代表性，不少已经成为所在地区、所在城市的先进制造业集聚地、人才集聚地。然而，开发区在发展过程中也暴露出不少问题，如缺乏长远产业规划、产业链不完整、同一地区或邻近地区的开发区产业布局雷同、大量企业仅是简单集中而没有形成集聚经济效应等。其中，部分开发区为了追求短期利益，忽视对自身产业特色的谋划，产业集聚程度不高，对外资依赖严重。

开发区作为产业集聚的重要载体，到一定阶段后，其发展程度也依赖区内的产业集聚度。因此，应在产业集聚规律的指导下，科学合理地分析开发区产业集聚方面的现状和存在的问题。从政府角度出发提出对策建议，对推动开发区的建设和管理，实现开发区的持续协调发展具有十分重要的现实意义。

2. 电商园模式

义乌作为唯一获批创建国家电子商务示范城市、开展县域电子商务大数据应用统计试点的县级市，顺势而为，积极推动电商产业园区的创建工作。下面介绍几个比较典型的电商园区：

（1）义乌国际电子商务城

义乌国际电子商务城是义乌商贸服务业集聚区的重要项目之一，也是"市场社区"建设的重要内容（图 1-10）。国际电子商务城按照"特色明显、产业链完整、服务功能健全"的总体思路，努力打造全国网商中心、全球网货配送中心、区域快递分拨中心、局部功能领先的第三方平台体系和海量信息处理中心这"四个中心"。通过"四个中心"建设，引进一大批国内外知名第三方电子商务平台企业、电子商务产业链上下游服务企业，集聚规模网商上万家，从而打造完整的电子商务产业链，培育和发展电子商务产业，促进产业整合、集成发展。

图 1-10　义乌国际电子商务城效果图

（2）苏溪电子商务产业园（电商园）

苏溪电子商务产业园（电商园）位于苏溪镇苏福路西路1号，是由苏溪镇政府与杭州聚势企业管理有限公司合作运营的商务型产业园区（图1-11）。它以促进传统线下市场和线上市场的共同发展，推动苏溪电子商务产业健康成长为宗旨，依托苏溪本地产业资源的集群优势，围绕针织服装类核心类目，致力为苏溪及周边地区企业打造一个完整的电子商务生态链。

图1-11　苏溪电子商务产业园（电商园）

（3）义乌幸福里国际电子商务产业园

义乌幸福园里国际电子商务产业园由浙江巨龙控股集团有限公司全额投资，积极响应市委市政府、街道办事处创新驱动发展战略，围绕义乌实体市场及全国电商产业发展态势，以电子商务企业、创业团队为主体，第三方服务商为核心，融入新型低碳生态产业园区设计理念，创建了具有义乌地方特色的全产业链综合服务园区（图1-12）。

图1-12　义乌幸福里国际电子商务产业园

（四）义乌陆港电商小镇

义乌目前规模最大的电子商务产业园区——陆港电商小镇开园运营，它汇聚了一大批优秀的创新创业企业，同时打造了义乌电商园区的新样本。陆港电商小镇由义乌市国际陆港集团投资建设，园区位于总面积43平方千米的陆港新区之上，毗邻国际生产资料市场，是浙江省重点工程，也是义乌"电商换市"战略的重要载体，如图1-13所示。

图1-13　义乌陆港电商小镇

陆港电商小镇通过搭建服务平台、完善配套服务、优化园区环境等举措，先后引入了专业电商企业、互联网企业、金融机构、生活服务类企业以及电商互联网配套服务企业等。陆港电商小镇将不断完善硬件设施和服务功能，积极对接国家"一带一路"倡议，促进我市从"义乌制造"向"义乌智造和义乌质造"转变，构建全新的电商产业生态系统，推动义乌的经济与城市转型发展。

（五）电子商务特色小镇模式

1.特色小镇的概念

特色小镇是指按照创新、协调、绿色、开放、共享的发展理念打造的行政区域。这种空间平台的建设带有明确的政府导向性，其所包含的内容包括产业定位、科技元素、人文底蕴、生态禀赋、文化内涵和一定的社区功能，呈现产业发展"特而精"、功能集成"聚而合"、建设形态"小而美"、运作机制"活而新"的鲜明特征。

义乌把特色小镇建设和电子商务这两个当下的社会热点联系起来进行解读。打个比方说，特色小镇好比是飞机的机身，而电子商务是飞机中的一个发动机，只有两者完美结合，飞机才能遨游蓝天。

2. 电子商务特色小镇的优势

电子商务是利用计算机技术、网络技术和远程通信技术使整个商务过程实现电子化、数字化和网络化的现代化交易模式。电商的存在价值就是让消费者通过网络在网上进行信息比选、下单购物、网上支付直至物流配送到约定地点，这样可以节省交易双方的时间和空间，大大提高了交易效率，改善了交易环境，降低了社会综合成本。对于快速发展的特色小镇而言，电子商务能起到极大的推动作用。

相对于城市来说，特色小镇偏于一隅。在现实空间里，小镇的交通及信息沟通条件没有优势。在没有互联网（或电子商务不发达）的时代，义乌的许多特色小镇都处在"养在深山人不知"的状态，这必然导致经济发展滞后。而在电子商务时代，大中城市和小镇的距离感消失了，借助电子商务的技术手段，偏于一隅的小镇照样能够与大中城市一样，及时地获得市场信息，进行交易联络和市场推广，便捷地完成整个交易流程。

3. 义乌电子商务发展特点（数据更新）

（1）交易规模快速增长

2016 年，义乌市电子商务实现交易额 1 770 亿元，同比增长 17.14%。其中，内贸零售交易额 980 亿元，同比增长 33.7%，占全省内贸零售交易额的 10%；外贸交易额 650 亿元，同比增长 11.7%。

（2）网商集群效应凸显

义乌市淘宝（含天猫）卖家账户近 11.3 万个，占全国总量的 1.5%；诚信通会员（内贸 B2B）2.7 万家，占全国总量的 4.5%；中国供应商收费会员（外贸 B2B）3 700 家，占全国总量的 4.6%；环球资源网收费会员 645 家，占全国总量的 2.5%；中国制造网收费会员 559 家，占全国总量的 3.1%；敦煌网注册卖家 15 000 家，占全国总量的 10%。

（3）电子商务发展势头迅猛

2016 年，全市经工商登记的电子商务经营主体达 56 728 家，同比增长 60%；新增 22 624 家，同比增长 58%。义乌目前有淘宝活跃卖家 10.5 万余家，占全国总量的 1.1%；天猫活跃店铺 3 500 家，占全国总量的 3%；诚信通会员 3.1 万家，占全国总量的 4.5%；速卖通注册卖家 3.6 万家，亚马逊注册卖家 6 000 家，eBay 卖家 3.5 万家，中国供应商 4 500 家，网商规模化、集群化发展势头凸显。

义乌市场对电子商务货源采购的吸引力日增。目前，大龙网、米兰网等电子商务龙头企业都有意向在义乌设立采购中心，广州、深圳等地的外贸电商行业组织的会员企业也纷纷开始入驻义乌直接采购。

（4）产业链日趋完善

快递、第三方平台、摄影、代运营、创意、推广、培训、第三方仓储等不断出现并形成规模。全市现有规模快递企业134家，四通一达、TNT、UPS、联邦快递等国内外知名快递物流企业在义乌市设立分公司和办事处。阿里巴巴、敦煌网、环球资源网、中国制造网等第三方平台在义乌市设立办事机构，京东商城、1号店、速卖通、eBay等在义乌定期举办培训班和卖家见面会，本土义乌购平台发展迅速，现日均浏览量超过120万人次。义乌市从事网络摄影的摄影师近千人，面积在500平方米以上的摄影机构近10家。义乌市银行积极创新产品，为电商提供服务。全省首家电子商务秘书企业在义乌注册。

（5）园区建设成效明显

2013年，义乌完成了市级电子商务园区的规划布局。义乌市电子商务产业园已签订协议开始升级改造，虚拟电子商务产业园落户在五区网商服务区。义乌积极引导各镇街结合辖区内的特色产业和专业市场错位发展，规划布局和实施"一镇一品"的镇街电子商务产业园区。各镇街共规划建设了10个电子商务产业园区，鼓励企业利用存量厂房创办了4个电子商务园区。目前，义乌市已建成投用的电子商务园区总面积达到60万平方米。

（6）传统企业应用电子商务成为主流

优鲨衬衫、开拓五金、俞兆林内衣、双童吸管自建团队利用电子商务拓展销售渠道，细分领域排名靠前；真爱网商、义网天下、新光饰品积极拓展电子商务服务业，规模效应显现；浪莎、欧意橱柜、梦娜袜业、棒杰内衣、怡婷针织等利用代运营方式进军电子商务。国际商贸城商户全部上线义乌购3D实景，95%的商铺上传5个及以上商品，商品信息的合格率达96.30%，家具市场、副食品市场商户全面登陆义乌购，副食品市场160家商户在淘宝网等平台开设网店。

（7）实体市场已成为网货的主供应地

88.1%的义乌零售网商在市场没商位，混批企业50%的商品采购来自义乌市场，零售网商70%的商品来自义乌市场，批发网商80%以上的商品来自义乌市场，亚马逊、兰亭集势等国内外知名电子商务企业都在义乌建立采购中心。敦煌网入驻义乌建设全球网货中心，打造了一个线上虚拟仓库与线下实体仓库及物流集散中心相结合的义乌外贸货源开放库，并与国内外各大电商平台相连接，以实现销售产品的目的。

第五节　义乌小商品市场业态创新

2016年，马云首次提出了"新零售"概念。他提出，纯电商时代很快会结束，新零售时代到来了，新零售是指企业以互联网为依托，通过运用大数据、人工智能等技术手段，对商品的生产、流通与销售过程进行升级改造，进而重塑业态结构与生态圈，并对线上服务、线下体验以及现代物流进行深度融合的零售新模式。虽然义乌市场电子商务经历了20多年的蓬勃发展，电子商务交易额呈现迅猛增长的态势，但是随着"新零售时代"的到来，电子商务发展呈现乏力的态势，传统电商将受到不同程度的冲击。为适应时代的变化，义乌电商市场将面临新一轮革新。因此，义乌电商行业应该紧跟时代步伐，借助已有的电商、物流等优势，主动出击，做出适应性的调整、变革，有效助推整体市场的稳固发展。

一、义乌小商品市场业态创新历程

（一）萌芽：义乌小商品城电子商务平台初步建立

小商品城电子商务应用产生于20世纪90年代。1998年5月，商城集团和义乌邮政局联合组建了中国小商品城互联网络信息有限公司，并创建了"商场信息"网站。网站先后推出了"商场介绍""企业之星""商城导购""外贸之窗""新品上市""供求信息"等10多个栏目。"商城信息"网站也因此被广大经营商户称为"网上永不落幕的小商品博览会"。网站实现了与招商银行、工商银行等机构的信用卡联网，集交易平台、搜索引擎、支付中介、配送中心等功能于一身，为全球商人提供小商品信息中介服务，初步实现了"义乌小商品一网通天下"的目标，为成为世界小商品市场中心奠定了基础。网站为近百家企业注册了国内、国际域名，为90多家企业制作了图文并茂的网页。很多先上网注册域名、制作网页发布信息的商品交易市场的企业主和经营商户都尝到了甜头。截至2002年，"中华商埠"拥有10多万个国内外正式用户，会员数以10%左右的速度增长；2002年底，在线成交额已超过500万元，协议成交额达1.1亿元。

（二）百家争鸣：第三方网站与中国小商品城网齐头并进

2003年以来，随着义乌小商品市场由全国最大的小商品流通中心向国际性商贸城的大步迈进，一些国内电子商务行业巨头也意识到了义乌的巨大商机，纷纷在此云集。

中国小商品城网也在政府政策的大力指引下飞速发展。2007 年，义乌中国小商品城电子商务网站正式上线，网站商品多达 50 万种。网站不但设计精美，而且功能完善，着力打造义乌本地的网上信息发布平台、网上工作平台和网上支付平台。在营销方面，网站主动出击，大力推广，利用谷歌、百度等搜索引擎进行精准营销推广，常年投放中文、英文、日文、法文等"关键词"广告 4 000 多个，网站点击率迅速提高，义乌小商品城的品牌认知、知名度和客户转化率也得到大幅提升。

2004—2006 年义乌市政府出台的电子商务支持性政策如下：

（1）2004 年，要围绕"贸工联动"的发展战略建设"数字义乌"，加快推进国民经济和社会信息化；要坚持"以民为本、上下联动"的思路发展信息化，形成独具特色的信息化发展格局。

（2）2005 年，政府积极打造全球采购中心，进一步利用电子商务技术，积极兴建全球采购交易平台，充分利用这种信息全球化带来的采购发展机会拓展商品出口的新途径。

（3）2006 年，政府每年投资 1 000 万元建设并完善电子商务服务平台，按照"有形市场一个商铺、网上一个电子商铺"的思路打造中国小商品数字商城，把 4 万多个铺位全部纳入互联网。

（三）蓬勃发展：电子商务产业集群网商规模不断扩大

2008 年以来，义乌电子商务产业依托义乌小商品市场的货源优势、物流优势和信息优势迅猛发展。在电子商务平台和网站领域，一方面在激烈的竞争下，一些有实力的网站脱颖而出，如 B2B 的阿里巴巴和 C2C 的淘宝网；另一方面，义乌本地的一大批实力较强的电子商务服务平台也相继建立起来。2009 年下半年，义乌市场网及义乌全球网相继成立并投入运营。另外，与义乌市场联系紧密的本地电子商务网站除了中国小商品城网外，还有中国化妆品网、中国饰品网，甚至还出现了一些义乌小商品城电子地图网站。

此外，许多生产企业或经营户开始涉足电子商务领域，并从中获益。据义乌市场贸易发展局统计，2008 年，义乌电子商务实现营业额 50 亿元，比 2007 年增长 18.7%，约占义乌有形市场的 13.1%，营业额超过千万元的有数十家，超过百万元的商家数以千计。2009 年，全市电子商务交易额超过 300 亿元，网商规模超过 2.5 万家，涌现了类似"汇奇思""福馨""紫薇"等年销售额超过 1 000 万元以上的规模网站 20 余家，淘宝五皇冠店铺 11 家，四皇冠店铺 28 家。

二、"'新零售'背景下"义乌小商品市场业创新

2018 年 4 月，四季严选落户义乌，四季严选社区店、无人便利店、智能货柜已落户义乌，这标志着义乌入局新零售市场。目前，义乌一些企业试水新零售，如 2358、柠檬邦、有盏灯、全民优选、义乌货郎先生、蓝熙进出口等企业，并获得了良好的发展势头。义乌紧紧抓住新零售商机，拓展新零售渠道。义乌品牌电商企业"义乌购"平台于 2017 年 3 月推出了新零售平台——"优选购"，平台上线后越来越多的经营户注册登录，商品种类更加多样化，助力义乌电商和传统市场的转型升级；跨境电商企业也纷纷利用互联网技术和移动终端进行"社交新零售"，拓展了零售电商的巨大空间。另外，义乌政府出台各种优惠政策，引进高新技术企业和研究院，大力发展"云计算、大数据、VR"等新技术，助力义乌新零售的发展。除此之外，义乌还积极探索新零售背景下的"新物流"，结合无线通讯、无人机、机器人等高新技术，重构"新物流体系"，进一步提升用户体验。

为适应"新零售"时代的到来，义乌抓住"新零售"模式的特征，不断探索新的路径，延伸产业链，升级服务，提升品质，推进义乌小商品城和电子商务产业的可持续健康稳固发展。

三、义乌小商品业态发展创新方向

近年来，浙江中国小商品城集团股份有限公司（以下简称"中国小商品城集团"）立足既有的优势，不断创新国际商贸城的经营业态，提升小商品城的国际影响力。目前，义乌批发市场的外向度在 65% 以上，义乌已经成为中国最大的小商品出口基地。中国小商品城集团推动市场国际化的创新举措主要涵盖以下几个方面：

（一）审时度势，构建多元化出口市场结构

国际金融危机爆发以来，发达国家经济低迷，需求锐减，一些消费品出口企业遭受重创。中国小商品城集团审时度势，及时提出多元化出口战略，指导商户危中求机，进行出口战略转移，选择受金融危机和欧债危机影响较小的国家作为新的出口支点，扩大出口总量。据统计，2011 年，义乌小商品在俄罗斯、印度、巴西、南非四个金砖国家的出口量同比增长 52.1%，比总出口增长高出 37 个百分点。义乌对出口市场经济发展态势的总体把握保证了小商品出口企业的集体战略性和战略柔性。

（二）大力培育进口、转口业务，拓展业务类型

随着国内人民生活水平的提高、国外消费群体的扩大、需求阶层档次的增多，小商品城以中低档商品为主的商品结构已不能适应市场的发展变化。中高端商品对国内外客户的吸引力越来越大。为适应这种变化，中国小商品城集团决定开辟进口商品馆。2008年10月21日，义乌国际商贸城进口商品馆正式开业（图1-14）。

图 1-14 义乌国际商贸城进口商品馆

目前，进口商品馆已引进经营主体47家，有55个国家和地区的2.7万余种特色商品入驻经营，涉及食品、工艺品、日用消费品、家居用品、服装和珠宝首饰等10多个大类。中国小商品集团着力做大做强非洲产品展销中心、东盟产品展销区等进口商品展贸专区，打造国内规模最大、最富知名度的进口商品集散地。非洲产品展销中心现有经营主体30家，经营来自21个非洲国家的4 500余种产品，包括乌木制品、木雕工艺品、石雕工艺品等。未来还计划陆续向其他非洲国家招商，延伸市场服务触角。进口馆中的商品种类越来越多，其中西班牙的红酒就有100多种。这里还可以买到日本的陶瓷、德国的刀具、韩国的汽车用品以及巴西的水晶。这里销售的商品都是各个国家最具有代表性的特色商品。由于销售环节减少，这里经营的进口商品甚至比原产国的销售价格还要低。例如，销售非洲产品的商户有17家，都是商家从厂家直接拿货，能够确保货真价低。这些商户中有些是外国人直接经销，有些是中国人出国或移民后又回来经营，也有本地人代理国外产品销售的。

为了培育进口商品馆，中国小商品集团推出了"前三年免租金"的优惠政策，吸引外国商品经营商户入驻。这些商品很大一部分又通过外国采购商转口到海外，因此进口商品馆不仅能够满足国内客户对特色海外商品的消费需求，还可以带动

转口业务的发展，为小商品城的发展开拓空间，增强市场的多样化和完备性。

另外，商贸城还争取设立进口商品免税区，开展进口商品交易免税试点。进口商品馆在义乌市场从单一出口到出口、进口和转口多元贸易的转型升级完成了由"买全国货、卖全国货"到"买全球货、卖全球货"的跃升。

（三）建立海外展贸平台，积极探索"走出去"新模式

2010年底，在商务部指导下，中国小商品城集团牵头组建义乌泛非国际投资有限公司，推进中国义乌（坦桑尼亚）经贸合作区项目。作为"改革试点"九大平台建设之一，中国义乌（坦桑尼亚）经贸合作区立意于国家战略的高度，旨在"服务义乌市场，提升义乌市场综合竞争力"，这是对义乌市场"走出去"新模式的有益探索。作为一个商贸流通型的合作区，义乌经贸合作区也是中国对外贸易方式创新的重要载体。

中国小商品集团规划通过五年努力，初步建成中国义乌（坦桑尼亚）经贸合作区一期商贸物流中心，使其成为中国商品出口非洲、转口欧美的重要贸易平台。完善商品展贸、保税物流仓储、技术培训、配套服务等功能规划，结合所在国贸易环境，探索建立符合当地需求的新型市场运营管理及营销模式，搭建中国商品非洲展贸平台，提升中国商品形象。

（四）逆向OEM促进产品创新升级和产业支撑国际化

经过海外参展和考察，义乌商户的眼界不断拓展，对产品质量和档次的追求也逐步提升。随着义乌商户向产业链上游拓展，海外企业为义乌企业"逆向代工"的情况开始出现。"开拓五金"就是这些寻求海外贴牌的企业中的佼佼者。2010年以来，"开拓五金"已经在德国、美国、英国、意大利、以色列、日本先后委托了7家贴牌生产企业为其代工，生产的高质量五金产品又经过义乌的销售平台销往全国各地。"开拓五金"原本是一家单纯做出口贸易的公司。全球金融危机爆发后，五金行业的外贸环境恶化，国内低端市场竞争也十分激烈，国内工业企业对高品质五金工具存在一定需求，然而国产工具由于制造工艺落后，该市场一直被国外五金工具生产企业占据。"开拓五金"及时转变了贸易方向，变出口为进口，这种逆向贴牌生产直接推动了义乌商品的创新升级。

（五）海外展会助力义乌企业开辟新市场

全球金融危机造成市场信贷危机，美国及欧洲等地的消费能力和消费欲望大幅下降。为应对市场萎缩，不少义乌企业开始大力拓展中东、东南欧等新兴市场，

而展会有利于提升义乌市场在海外的知名度。举办中国义乌小商品博览会（以下简称"义博会"）迪拜展主要是为了向中东、南欧及南亚地区的优质采购商展示义乌企业的产品，并推广义博会的品牌。

迪拜市场是继香港和新加坡之后的世界第三大转口贸易中心，拥有国际港口和世界级的基础设施，不存在汇率控制、配额及贸易壁垒，是通向中东、东欧、俄罗斯、印度和北非等庞大进口市场的门户。在迪拜每年进口的商品中，转口销售份额达85%；在进口总量中，有65%的商品来自中国。另外，2008年以来，欧美等国受金融危机影响，购买力明显下降，不利于小型企业前去拓展市场。而迪拜没有轻工业基础，且购买力很强，当地市场的辐射范围可达40多个国家，拥有很大的潜在消费市场，是包括义乌在内的中国企业转战中东市场的首选区域，这是义博会选择在迪拜举办的主要原因之一。

（六）进一步拓展服务平台，延伸义乌市场海外贸易服务触角

中国小商品城集团将进一步提升德国法兰克福、日本大阪、阿拉伯联合酋长国迪拜等境外办事处功能，同时有选择地在境内外重要城市建立商品展示销售中心，延伸义乌市场海外贸易服务触角。针对国际贸易发展过程中出现的新变化、新问题及中东、拉美等国家对中国玩具、饰品等行业采取的限制性进口措施，尝试在中国香港、迪拜、非洲等主要商业城市开设海外贸易公司，设置义乌商品海外转口贸易中心，规避国际贸易壁垒，为中国商品进入国际市场提供便捷通道，推动国际营销网络搭建工作取得实质性进展，改善义乌市场海外采购商的规模、层次，从而进一步提升义乌市场的海外影响力。

（七）建设生产资料市场，进一步提升采购商国际化水平

义乌市场的国际化始于采购商的国际化。到目前为止，采购商国际化仍然是义乌市场国际化的主要表现形式，在今后相当长一段时期内，义乌市场的国际化也仍然要表现为并依赖于这一种形式。因此，中国小商品城集团在成功经营小商品城的基础上，将目光投向了另一个专业市场——生产资料市场，以进一步挖掘客户资源，整合、盘活义乌的商业资源，创造新的市场业态。

2010年以来，义乌开始全力打造国际生产资料市场。建设综合性、现代化的生产资料市场顺应了义乌市场发展的客观现实，是满足供需双方要求、整合提升义乌商贸市场的必然选择。作为义乌商贸流通体系的一部分，生产资料市场将成为小商品市场的有益补充，能够满足既有客户和商户的现实需求。小商品市场所聚集的国内外客户资源有相当一部分会成为生产资料市场的买家，同时更加完备

的市场体系将为小商品市场吸引更多的客户。因此，建设生产资料市场必将带动小商品市场的进一步国际化。

第六节 "义乌模式"的商业创新经验

改革开放以来，义乌从一个贫困落后的农业县，摇身一变成为"买全球、卖全球"的世界超市，书写了一段义乌经济发展的奇迹。义乌的发展奇迹是义乌人敢为人先、创新开放、诚信包容、敢于担当、锐意进取的成果，更是特色社会主义市场经济强大生命力的生动阐释。梳理义乌模式发展经验和解析义乌商业创新精神对推广义乌经验和义乌模式有着重要的现实意义。

义乌是"建在市场上的城市"。市场拥有 34 个行业、1 502 个大类、32 万种商品，几乎囊括了工艺品、饰品、小五金、日用百货、雨具、电子电器、玩具、化妆品、文体、袜业、副食品、钟表、线带、针棉、纺织品、领带、服装等所有日用工业品。其中，饰品、袜子、玩具产销量占全国市场的 1/3。市场的小商品无奇不有、无所不在，吸引了全国乃至全世界的采购商。相关数据显示，义乌中国小商品城经营着 26 个大类、210 万个单品，日均客流量 21.4 万人次，商品辐射 210 多个国家和地区。每年到义乌采购的外商有 50 多万人，他们来自 200 多个国家和地区。义乌成为名副其实的"世界超市"。

一、"鸡毛换糖"闯世界，缝隙里长出小市场

昔日的义乌是个粮食高产却贫穷的落后县。它既不沿海，又不靠边，自然资源匮乏，交通不便。因此，聪明的义乌人开始经商挣钱。义乌人经商历史悠久，可追溯至宋代，而以晚清尤甚。义乌民间行商习俗经过多年发展逐渐演变为"敲糖帮"。中华人民共和国成立后，在计划经济背景下"敲糖帮"逐渐萎缩，但并未彻底绝迹，而是从行商群体向个体"货郎担"转变。由于经济收入低，农资短缺，每逢春节前后，很多义乌"货郎担"仍选择挑担外出，风餐露宿，翻山越岭，"鸡毛换糖"。改革开放后，开放的社会环境和宽松的经商政策激发了义乌人血脉里的商业基因。他们重操旧业从"鸡毛换糖"、摆地摊儿起家，短短几十年就将一个贫穷落后的农业县变成了全球知名的国际贸易城市。

二、小商品，大市场：五代市场进化史

义乌小商品市场如同从缝隙中艰难生长出来的小草，迎着改革开放的春风，

第一章 义乌经济发展与定位

035

生根发芽，不断生长，逐渐升级，算起来至今已经5轮迭代。据相关数据统计，第一代小商品市场开业后仅3个月，市场摊位数量增加近一倍。许多商户自带门板，搭起塑料棚架，自行向新马路两端延伸。到1982年底，市场便有了30多个大类的2 000多种小商品。但看着每天从附近10多个省区蜂拥而至的采购者，义乌人发现，市场的承载力已到了极限，市场的物理空间亟须扩容。

时代给予了义乌更多的机会。1984年10月，党的十二届三中全会，提出"发展有计划的商品经济"，这给义乌市场吹来了又一股春风。"工欲善其事，必先利其器。"义乌县委、县政府当机立断，千方百计筹集57万元资金，于1984年12月建成占地35万平方米、固定摊位近2 000个的新马路市场，摊位从露天搬进了棚子，这就是义乌第二代小商品市场。

新马路市场建立后，每天前来交易的客商过万，商户摊位逐渐又扩展到朱店街。

【实例】楼南六的艰苦创业之路

朱店街曾是义乌小商品城同业工会会长楼南六最初摆摊的地方，条件十分简陋，连遮风挡雨的棚子都没有，一到刮风下雨，就要立刻收摊。市场距楼南六的家有17公里，他每天早出晚归，乘三轮车往返。

楼南六身上流淌着义乌商人吃苦耐劳和果敢无畏的血液。"有一次进货，我们借了1万元。那时没有支票，我们两口子只好把现金绑在腰上，晚上连觉也不敢睡。进的是一些进口的布头，托运一部分，自己背一部分。布料运回来之后，皱巴巴的，我们半夜起来轮流熨烫。"这些草根商人在创业期间吃了多少苦、受了多少罪，外人很难体会。但在楼南六看来，"比谁都勤奋、比谁都吃苦耐劳"恰恰是义乌商人身上的闪光点。

俗话说："同行是冤家。"市场竞争激烈，像进货地点这种商业秘密，一般人都不愿共享。但楼南六从不藏着掖着，去广州进货时，也带上村里人一起去。"义乌几乎一半同行都是我带去进货的。有钱大家一起赚。"楼南六说。

当时，义乌第二代小商品市场是符合时代潮流的新生事物，具有强大的生命力，其运行不到两年，不断扩大规模。1986年9月26日，占地4.4万平方米、摊位数4 100个的城中路小商品市场开业了。到1990年底，该市场占地7.7万平方米，摊位增加到10 500余个，成为当时全国最大的小商品批发市场，这是第三代义乌小商品市场。1992年1月21日，义乌市委、市政府（1988年，义乌撤县建市）全力支持"划行归市"，把市场分成8个交易区，经营商品初分为16个大类。同年2月，篁园市场一期工程竣工投入使用，这就是第四代义乌小商品市场。随着篁园市场二期、宾王市场的相继竣工，1993年12月，义乌市政府对市场经营管理体制进行重大创新，市工商行政管理局与义乌中国小商品城实行管办分离，组建义乌中国小商品城股份有限公司，该公司后来更名为浙江中国小商品城集团股份有限公司（以下简称"商城集团"），负责管理和运营义乌小商品城。至1995年11月，义乌已拥有了占地46万平方米、摊位3.2万个，当时堪称全国最大的室内商品批发市场。2011年，义乌国际商贸城一区市场正式投入使用，以后逐渐扩大为5个区。它与篁园服装市场、国际生产资料市场共同组成了义乌中国小商品城，第五代小商品市场正式亮相。

随着市场的不断发展壮大，市场管理部门的改革也如影随形。2016年，商城集团推出了"拨浪鼓服务平台"，为商户提供各种线上服务。

除了运营管理市场、服务商户，商城集团还承担了编制"义乌·中国小商品指数"的重要职能。义乌小商品市场功能齐全、辐射范围广、专业化程度高，这里的交易规模、价格走势、景气状况等对全国乃至全球日用消费品市场均有一定的参考价值。"义乌·中国小商品指数"已成为"小商品价格的风向标和大市场行情的晴雨表"。

市场迭代升级，20世纪70年代末80年代初，我国由计划经济向市场经济转轨之初，义乌率先建立小商品市场，也就是第一代"马路市场"。各地涌现出各类市场后，义乌市场转型发展为第二代批发市场，成为全国小商品流通中心。第三代市场以商带工，发挥商贸资本雄厚、市场信息灵敏等优势，发展与市场关联度高的小商品加工业。第四代市场是中国加入世贸组织后，义乌大力发展国际贸易，向全球出口小商品，逐渐形成以国际贸易、洽谈订单、商品展示、现代物流等为主的新型业态。如今的第五代市场初步形成了国内贸易与国际贸易融合、线上贸易与线下贸易融合的新局面。从路边摊到商贸城，从"买全国、卖全国"到"买全球、卖全球"，从卖残次品到卖品牌货，从有形市场到无形市场，义乌的小商品市场随时代变迁前行。随着市场升级迭代，管理者遇到过各种烦恼，无论"划行规市"，还是打击假冒伪劣，政府这只手持续发力，把控公共资源的配置权，调控有度，引导市场不断走向繁荣规范。在政府和市场的合力推动下，义乌小商品市场背后的产业链条不断延伸、完善。

三、小县城，大集群：贸易生态圈

随着义乌小商品市场越来越大，集聚效应越来越强，"买全国、卖全国"的格局逐渐形成。20世纪90年代初，义乌政府因势利导，号召广大经营户"引商转工"，实施"以商促工，工贸联动"策略，依托市场发展小商品加工业。"工贸联动，前店后厂"使义乌的小商品市场有了更雄厚的根基。

之前义乌许多小农商贩就是做一些小生意，没有产业支撑。至此之后，几乎每家的摊位后面都有工厂，小点儿的有几台机器，大点儿的有十几台机器，这是义乌现有产业的雏形。随着义乌经济的发展，义乌形成了饰品、内衣、袜子、吸管等支柱产业。到 2006 年，义乌已拥有工业企业 1 万多家，走上了"小商品、大产业；小企业、大集群"的工业化发展之路。

1994 年前后，不少义乌商人开始从内销转向外贸，一些企业进行设备改造，产品质量显著提升。此后，外商开始进入义乌，从"蚂蚁搬家式"的外贸起步，到 20 世纪 90 年代末，义乌开始有集装箱出口。2001 年，中国加入世贸组织，义乌又迎来新机遇。入世第二年，外贸出口便占到了义乌小商品市场营业额的 40%，也正是那一年，义乌开设了国际物流中心。

随着物流通道、平台、口岸等建设的推进，义乌商品"走出去"有了更便捷的条件。围绕建设国际陆港城市的目标，义乌先后建成了义乌港、铁路口岸、航空口岸、国际邮件互换局、义乌保税物流中心（B 型），成为国内唯一一个具备 5 大口岸平台功能的县级市。

"一站式供应链服务"是义乌的一大优势。来义乌采购的外商基本以综合采购商为主，当别处只提供一种或者某几种商品和服务时，义乌却能提供一站式供应链服务。同时，以市场为中心，各种资源要素向这里集聚，义乌成长起一批物流企业和贸易服务企业，形成了一个生机勃勃的"贸易生态圈"。

物流是小商品市场的"主动脉"。在义乌，各快递公司纷纷布点，大型货车川流不息。由小商品市场衍生出来的物流产业，如今成为义乌的一张新名片。首先，市场货源充分。依托小商品城海量商品，取货便捷。其次，集货成本低。与一线城市相比，义乌城市面积小，成本要低得多。再次，省去转运环节。由义乌发往全国各地的货物相对均衡，可以直接从义乌发车。比如，从广州发货到义乌，公路运输一立方米成本需要 70 元，而从广州发到温州，大概是 120 元。

【实例】义乌传奇——新生代"鸡毛换糖"的货郎担

以义乌申通为代表的快递公司使内销配送变得快捷。在义乌数量众多的国际货运代理公司中，义乌申通为商品走出国门提供了便利。义乌市国际货代仓储协会秘书长、扬翔国际货运代理有限公司负责人金丽仙干事风风火火，她 19 岁时就开始摆摊做玩具生意，其父亲也曾是"鸡毛换糖"的货郎担。

结婚生子后，金丽仙成了全职太太，一过就是 10 年。虽然生活无忧，但她从未放弃做生意的梦想。2001 年，义乌的外贸兴盛起来，闻到商机的金丽仙"重出江湖"，开办了以外贸加货运为主要业务的中海咨询有限公司。公司最初做的主要是海运，2002年开始开拓空运业务。"我们义乌有3个特产，红糖、小商品市场和义乌老板娘。"金丽仙爽朗地笑着说。"义乌老板娘"吃苦耐劳，亲力亲为，采购、装货、送货、设计啥都能干。如今管理着几家公司的金丽仙，仍然保持着创业的激情，每天早出晚归，业务也延伸至整个物流供应链。

目前，在义乌市国际货代仓储协会注册的会员单位有150家左右，而为外贸提供服务的公司有1万多家，这些服务企业成为义乌商品走向全球的有力推手。

市场带动工业、工业支撑市场、市场与产业联动发展是义乌发展的奥秘之一。在以外向型出口为主的义乌小商品城，市场的背后需要物流、结算、报关等后端服务的支撑，完整的产业链条让义乌贸易生态圈始终生机勃勃。义乌的独特优势就在于这里拥有强大的"一站式供应链服务"和"贸易生态圈"，这也是义乌市场的核心竞争力之一。

四、敢创新，善创新

义乌是全国首个县级市国家级国际贸易综合改革试点、全国18个统计试点、国家社会信用体系创建示范城市等15项"国字头"改革试点。2018年7月，义乌又成功获批跨境电商综合试验区。2018年9月，义乌小商品跨境出口新增空运直飞模式。创新是义乌永不停歇的节奏。

【实例】义乌小商品很"拼"

相信大家对"拼"并不陌生，但你听说过"拼箱（集装箱）"吗？这是义乌众多创新中的一个小案例。中国加入世贸组织后，义乌外贸出口迅速发展起来。由于小商品出口数量少、品种多、更新快，往往"一个集装箱就是一个小超市"，拼装商品达上百种，一一报检，容易出现"出关阻塞"。

义乌小商品具有的"出口货物市场直采""不涉及出口退税"等特点与当时"边境游"中的旅游购物贸易方式非常相似，更符合当地实际需求。于是，义乌市政府便积极向海关总署申请采用旅游购物贸易方式，并于2004年获批。实践证明，旅游购物贸易方式对义乌小商品出口的促进作用是巨大的。2002年，义乌小商品的出口数量不足1万标箱。至2009年，这一数量猛增为50多万标箱。

在探索建立市场采购贸易方式的过程中，义乌作为我国首个由国务院批准的县级市综合改革试点，也是一马当先，出台了一系列利于操作、便利贸易的措施。例如，市场采购贸易方式免征增值税，不征不退；报关限额由每批5万美元提升至15万美元；出口货物可以按大类申报和认定查验，不用再详细写上小类；在结汇方式上，允许外贸主体个人收结汇……相关改革极大地提升了商品出口的通关效率。2018 年上半年，义乌市出口额突破千亿元大关，达到 1 015.4 亿元，增长 1.4%，占义乌市外贸的 81.9%。目前，市场采购贸易方式已经复制推广到全国 7 个专业市场。

2018 年，义乌还把营商环境作为重点建设工作之一。2018 年 5 月，义乌在浙江省首推外贸企业"涉企证照由工商部门通办"模式，实现外贸企业办理执照和备案"跑一次"的目标。2018 年 7 月，义乌全面启动"涉企证照工商通办"，包含大学生创业企业认定备案等 28 个备案备查类事项的"多证合一"，以及烟草局、商务局等 11 个部门的 32 个高频行政审批类事项与营业执照的"证照联办"。这些证照只要到通办窗口跑一次就可办妥。从时间上看，涉企证照的办理时间已压缩到 4 个工作日。

纵观义乌的发展，就是不断"倒逼改革"。在这个过程中，义乌市委、市政府尊重群众的首创精神，使监管体制不断适应新形势，不断向新兴业态趋近。市场领先源自思想领先。几十年前，义乌敢为人先，开启了波澜壮阔的"兴商建市"历史征程。几十年后，义乌进入建设"世界小商品之都"的新时期，面临着新的挑战与机遇。如何再创辉煌？义乌继续深化改革，以改革破解难题，以改革营造环境，给城市注入了新的活力。

五、大胸怀，大格局："新义乌人"融入与"义新欧"出发

相关数据显示，义乌的本地人口只有 80 万左右，但外来人口已达 143.7 万人。其中，约有 1.3 万名外商常驻于此。在义乌的异国风情街，来自世界各地的客商不仅能品尝到家乡风味，还能尝遍世界许多国家的美食。他们在这儿谈天说地，经商贸易，成为"新义乌人"。作为一个县级市，义乌的开放包容度让人印象深刻。这里有各类涉外机构 6 800 多家，其中外商投资合伙企业 2 500 多家，约占全国的 75%。在义乌市国际贸易服务中心办事大厅，多个涉外部门联合办公。2012 年 1 月 6 日，义乌市国际贸易服务中心成立，为外商提供"一站式"政务、商务、生活咨询和服务。中心成立至今，已办理各类审批和服务事项 130 余万件，日均接待外商和其他办事群众 2 000 余人。

许多在义乌经商的外国客商都有一张小小的"外籍商友卡"，签证延期换发、网上住宿申报等信息都会实时更新。这张卡让外商在医疗、交通、子女教育等社会保障方面享受与义乌市民同等的待遇，目前办理数超过 1.2 万张次，基本覆盖常驻外商人群。这些外商被称为"新义乌人"，他们来自不同的国家，有着不同的肤色，但相同的是，义乌是他们实现梦想的地方。在感叹中国大地发生巨变的同时，他们更庆幸自己搭上了中国发展的快车。

【实例】义乌国际创客郭集福

46 岁的郭集福是马来西亚人，他在义乌经营珠宝玉石生意，讲一口流利的普通话。自 2004 年在义乌租下第一个店面开始，他已在义乌扎根 10 多年，每年回马来西亚的时间不到 15 天。

郭集福与义乌结缘实属偶然。一次，他听人说中国有个地方叫义乌，那儿什么商品都有。但具体一问，对方却支支吾吾。他偷偷打探对方的行程，买了同一航班机票，假作偶遇，跟随对方来到义乌。"那是 1999 年，一到义乌市场我大吃一惊，街上熙熙攘攘，马路上到处都是手拉三轮车，上面堆满整整两层楼高的货，好像在耍杂技。"那时在马来西亚，这些小商品非常紧缺。郭集福花了 3 万马币（相当于 6 万多人民币），买了茶叶、文体用品等一批货，没想到这些货物被运回马来西亚之后，很快销售一空。他像是发现了"宝藏"，开始频繁到义乌进货，后来索性在这里开店。

之所以选择义乌，郭集福有非常细致的考虑。"第一，我在许多国家做过生意，但似乎有一条'五年盛五年衰'的定律。无论你的生意多好，一般 5 年到 7 年就会遇到问题，但在义乌，生意一直很平稳。第二，我在义乌经商从未遇到过赊账，这里的客商非常讲诚信。第三，我在其他国家做生意，要聘请销售员推销，而义乌客流源源不断。另外，义乌的包容性也让我非常感动，这里绝不会有排外现象。"

【实例】在这里，我们得到了尊重

义乌市科瑞丝通贸易有限公司总经理苏拉来自塞内加尔。他最初从事服装批发，后来转入小五金市场。2003 年，他听朋友说义乌的货很多，便决定来看看。第一次到义乌，苏拉只采购了一个货柜的商品，心里还很忐忑。没想到这批货很快就被一抢而光，而且利润很高。从此，苏拉频繁往来于中塞两国。由于熟悉义乌市场，不少朋友经常请苏拉陪同采购，他渐渐萌生成立公司的想法。2007 年，苏拉租下办公室，开始在义乌常驻。没想到，这一驻就是 10 年。2012 年，苏拉成立了自己的公司，公司从最初的一间小办公室发展到现在的三层楼。

说起义乌的营商环境，苏拉拿起了自己的手机，"义乌市领导为外商建了微信群，市委书记、市长、副市长等领导都在群里，我们可以随时反映问题。人大代表也经常来征求我们的建议。在这里，我们得到了充分尊重"。

六、"一带一路"鸡毛换糖再出发

2014 年 11 月 18 日，首趟"义新欧"中欧班列（义乌—马德里）成功发出。

这辆装载着 82 个标箱的班列从义乌出发，成为"丝绸之路经济带"上的"钢铁驼队"。截至 2018 年 7 月底，中欧班列（义乌）共往返 460 列，成千上万种"中国制造"通过"义新欧"一路西行。

图 1-15　"义新欧"中欧班列（义乌—马德里）

2013 年 9 月 8 日，习近平在哈萨克斯坦纳扎尔巴耶夫大学发表演讲时首次提出共同建设"丝绸之路经济带"。2014 年 9 月 26 日，习近平在会见时任西班牙首相拉霍伊时指出："当前，中欧货运班列发展势头良好，'义新欧'铁路计划从浙江义乌出发，抵达终点马德里，中方欢迎西方积极参与建设和运营，共同提升两国经贸合作水平。"从此，再多的困难都难不倒敢想敢干的义乌人。

如今，"义新欧"班列已实现每周双向对开的常态化运行，开通了至中亚、西班牙、伊朗、阿富汗、俄罗斯、拉脱维亚、白俄罗斯、英国、捷克 9 个方向的国际货运班列。义乌已成为长三角及周边地区商品出口汇聚地，出口额稳步增长。

善谋者行远，实干者乃成。义乌缺乏自然资源，地理优势并不突出。而人永远是生产要素中最活跃的因素。扩大开放，为外商提供优质的服务和良好的营商环境，可以塑造一个城市的软实力和新优势，从而不断吸引客商投资创业。这种软实力来自开放的思维，来自包容的视野，更来自强大的执行力。

七、群众首创，党政有为：义乌奔向新梦想

通过调研分析，我们发现"义乌经验"有两个关键点。一是群众首创，二是党政有为。第一阶段，改革开放之初，义乌人敢为人先，无中生有办市场；第二阶段，20 世纪 80 年代至 21 世纪初，义乌市场"买全国，卖全国"；第三阶段，中国"入世"后，义乌市场升级为"买全球，卖全球"。著名经济学家厉以宁在义乌调研后认为："义乌政府是有为政府。党委总揽全局、把握发展方向，政府调

控有度、搞好公共服务，这是义乌全面建设小康社会、走科学发展之路的根本保证。"进入新时代后，义乌瞄准"建设世界小商品之都"的目标，"两只手"协同发力，共促转型。

如今，义乌产业集聚发展迎来新机遇。义乌提出电商换市、融合发展，同时引入新产业，形成多轮驱动良好发展态势，从线下商铺向线上线下融合发展转型。网购潮起时，不少义乌商户还习惯于坐等客户上门。浙江中国小商品城集团股份有限公司积极推动线上线下融合，提供各种平台培训商户，将7.5万商户搬上义乌小商品官网"义乌购"，在线商品300万种，日均独立用户访问达15万人次。统计显示，我国境内零售网商70%商品和批发网商80%商品来自义乌。

2010年之前，支撑义乌市场的三大要素按重要程度排序是"客流、物流、信息流"，而如今却已转变为"信息流、物流、客流"。未来义乌一定要靠信息产业带动小商品市场，形成一张涵盖产业链的网，以先进工业、金融、国际贸易等为支撑，让义乌成为信息交会之地，做到强者恒强。

从一枝独秀向多轮驱动转型。几十年来，义乌依托"以商促工""工贸联动"发展战略，走出了一条块状经济特色明显的工业化之路，形成了一批特色优势产业。"十三五"以来，义乌市紧扣时尚、装备、信息、健康四大主导产业，以"增量选优、存量提质"作为工业稳增长的总方针，坚定不移地招大引强，加快培育发展先进制造业，改造提升传统制造业，形成了推动工业经济高质量发展的"义乌经验"。

一是规划引领。2014年，义乌市提前启动"十三五"产业规划发展研究，明确"十三五"产业发展"2+2"定位。打造两个千亿级产业——日用时尚消费品产业、信息网络经济产业；培育两个百亿级产业——先进装备制造业、食品医药健康新兴产业。

二是改造提升。2017年8月，义乌市入围浙江省21个传统制造业改造提升分行业省级试点名单，试点产业为服装制造业。结合本地实际，义乌将饰品、服装、袜业、纺织等十大行业作为传统制造业改造提升的主攻方向。义乌从被动适应市场转向创新引领市场。

【实例】义乌华鸿控股集团的转型升级

义乌华鸿控股集团是一家以生产销售油画、镜框、相框为主的民营企业，是浙江省文化厅、外贸厅认定的浙江省重点文化出口企业。华鸿创始人之一、副总裁王爱香15岁便进入市场。1993年，她与丈夫开始做装饰画生意。随着人们生活水平的提高，他们的生意越来越好。1998年建厂后，企业规模不断扩大。1999年广交会成为华鸿从内销转向外贸的重要节点。"那是我第一次参加广交会，我租了半个摊位，还找了个会讲外语的经理，想去试试。没想到，我们在现场接到不少订单，足足发了10个集装箱的货。"王爱香说。

如何赢得更多国外消费者？针对每个国家、每个客户，华鸿会提供个性化精准服务，为每位客户量身定制产品。"比如，宜家采购我们的装饰画，我们的产品就要符合宜家的家居风格和特点。我们的设计师要'利他'，不以自己的喜好来设计产品，而是以客户的需求为导向。"

图1-16　华鸿集团

从销售廉价商品向打造品牌转型。在义乌国际贸易服务中心4层，一家家有设计感的店铺非常抢眼。仔细观察后就会发现，这些店铺没有一家产品是重复的。这与义乌市场"划行归市"的规则完全不同。这里，就是义乌国际品牌联盟。"提起义乌商品，有些人可能联想到的是'地摊货''廉价低质'，我们希望通过努力，打造义乌产品的品牌，引导企业向中高端方向发展。"为了提升产品质量、打造优质品牌，2016年，义乌8家企业抱团发展，创立了这个联盟。这是个异业联盟，目前拥有58家会员，来自58个行业。从客户资源共享到提升品牌、加强管理、品牌维权等，联盟企业携手前行。义乌国际品牌联盟成立了商学院，每月举办两期培训沙龙以及读书分享会和"拍砖会"，让会员分享企业管理、品牌建设等方面的经验，并为运营中的难点和"痛点"支招。这其实就是文化交流，迸发创意创新点子的品牌创客空间。

1978年，义乌国内生产总值12 809万元。2017年，义乌实现地区生产总值1 158亿元，全年实现网络零售额1277.1亿元，生产总值增长904倍，实现了跨越式发展。深刻巨变是因为群众首创精神与党政有为的执政理念有机结合，市场的活力与政府的引导才能相得益彰，这些让义乌始终充满活力。市场之手与政府之手协同发力，无疑是义乌的最大优势之一。

第二章　新丝路新起点

第一节　新丝路经济带

一、新丝路经济带的提出

2013 年，习近平在纳扎尔巴耶夫大学演讲时提出"新丝绸之路经济带"（以下简称"新丝路经济带"），它是在古丝绸之路基础上形成的一个新的经济发展区域，并非行政区域。新丝路经济带包括西北五省区（陕西、甘肃、青海、宁夏、新疆）和西南四省区市（重庆、四川、云南、广西）。

新丝路经济带，东边牵着亚太经济圈，西边系着发达的欧洲经济圈，被认为是"世界上最长、最具有发展潜力的经济大走廊"。新丝路经济带地域辽阔，有丰富的矿产资源、能源资源、土地资源和宝贵的旅游资源，被称为 21 世纪的战略能源和资源基地。

二、新丝路经济带的排头兵

古丝绸之路从历史风沙中走来，中亚、波斯和阿拉伯的商人伴着阵阵驼铃，把中国东南沿海生产的丝绸、茶叶、瓷器带到西亚、欧洲和非洲，传播了中华文明"和平、开放、包容"的理念，记录了经济全球化的早期故事。而 20 世纪以来，义乌从资源匮乏、土地贫瘠、人们贫穷的不靠海不沿边的内陆小县城，发展成将小商品流通向世界每个角落的"世界超市"，形成了"买全球、卖全球"的伟大布局。义乌"鸡毛换糖再出发"，撸起袖子加油干，主动融入"一带一路"倡议的商帮群体，成为"一带一路"倡议的排头兵。

义乌这个山多地少、土地贫瘠、缺乏工业基础、缺乏优惠政策、不靠边疆不靠沿海的内陆小县城，培育出了全球最大的小商品市场，创造了令世人瞩目的经济奇迹……

对接"一带一路"，义乌"义"马当先，走在时代的前列，琳琅满目的小商品已超越地域、民族和语言文化的边界，在沿线60多个国家和地区都能寻觅到义乌商品的踪影。

"百样生意挑两肩，一副糖担十八变；翻山过岭到处走，混过日子好过年。"祖祖辈辈走乡串户的义乌人，用手中的拨浪鼓摇出"华夏第一市"：从1984年第一代马路市场的2 321万元成交额，到1986年第二代棚架集贸市场1亿元的成交额，再到第五代义乌国际商贸城——这里营业面积超过550万平方米，汇集出口219个国家和地区的7万多个商铺，180余万种小商品，每年吸引着50万全球客商前来采购，有20多万家中小企业从这里走向世界……这座全球最大的小商品市场，还在泰国、阿联酋、俄罗斯、罗马尼亚等10多个国家设有境外分市场或配送中心。义乌主动发力，如今与86个"一带一路"沿线国家城市保持沟通联系，与西班牙巴塞罗那等18个国家和地区的24座城市结为"姐妹城市"。

三、行万里丝路 发商贸红利

古书中多有义乌人"俗勤耕织""士质民勤"的记载，而民间谚语"锄头柄、六尺长，放倒就有半年粮""鸡啼三遍离床铺，三个五更抵一工"等，都体现了义乌人自力更生、奋发图强的精神。这种精神也正是义乌人勤劳致富的基石。

"蚂蚁商人"善于抱团的精神可谓是义乌的"商魂"。义乌经济发展首先是从"小"起家——小商品、小市场、小资金、小作坊。但这样的"小"并不意味着市场的"小"。义乌人坚信，财富是一点一滴积累起来的，小机会蕴含大商机，小商品可以成就大市场，小资本可以完成大集聚。在义乌人眼里，生意不分轻重大小，职业没有高低贵贱之分，只要有微薄利润，义乌人都去努力。义乌"卖全球"的豪情壮志正是从这里起步的。

通过三十几年的奋斗，许多义乌商人走出国门，不仅在海外建立了分公司和办事处，还在"一带一路"沿线的国家和地区寻求到新的商机。新丝绸之路经济带沟通着总人口近30亿的亚太经济圈和欧洲经济圈。立志做新丝路起点的义乌，没有止步于65%的市场外向度、商品出口219个国家和地区、100多个国家和地区的1.3万余名境外客商常驻义乌采购商品的这一成绩，而是在布一盘更大的"棋局"——以更深层次的政策和道路沟通，为贸易畅通、民心相通保驾护航。

近年来，义乌承担了国家综合改革试点的工作，创新性地推出市场采购模式，打通陆海空外贸通道，让每位客商都看得见贸易便捷度的提升和国家贸易共享平台的完善，同时大力发展公路、铁路、海路、航空、邮路、网路、义新欧、义甬舟等"新八路"物流体系。

"敢于提出争做'新丝路起点'，是基于义乌高举改革大旗，综合改革跨步前行，善用国际贸易综合改革试点工作中积累的商贸经营模式和业态创新经验；是基于义乌响应国家号召，向东主动融入'义甬舟大通道''五港融合''一带一路'中欧班列（义新欧）的积极践行；也是基于义乌建设'世界小商品之都'和国际路港城市的坚定抉择。"义乌把重心放在加速建设更多对外开放平台，提升商品经济的发展规模和质量上。从构建中欧班列、中亚班列、海铁联运拓宽一条条经济走廊，到改革试点的6年征程中，改革创新事项可细化为数十项，其中有为"一个集装箱柜的货品就可以开一间中型超市"的新型贸易模式量身订做的"市场采购"，集顶层设计与基层创新之大成，在外贸配套服务、通关检疫、出口退税、人民币结算、拼柜出口方面摸索出了规范而便利的路子。

多年来，作为全国最大的小商品集散地，义乌由于交通原因，舍近求远只能从上海港走出去。而打通"义甬舟大通道"，连通集装箱吞吐量位居全球第三的宁波—舟山港和义乌国际陆港，建立"买全球、卖全球"的新贸易格局，对内连接长江经济带，对外辐射21世纪海上丝绸之路。这是义乌清晰可见的战略蓝图。

自2014年首趟中欧班列（义乌—马德里）开通后，义乌相继开通了义乌—中亚五国、义乌—德黑兰、义乌—车里雅宾斯克、义乌—明斯克、义乌—里加等线路，已成为全国开行国际铁路货运班列线路最多的城市。通过这条现代火车"拉"出来的新丝绸之路，已让义乌的境外伙伴达到34个国家，越来越多的"中国制造"出了国门。

截至2017年3月底，中欧班列（义乌）已往返运行162次，运输标箱12 612个。班列运营平台企业在马德里、杜伊斯堡和伦敦设立了3个分支机构，在马德里、杜伊斯堡、巴黎、菲利克斯托设立了4个海外仓，在波兰马拉舍维奇和华沙、德国杜伊斯堡和汉堡、西班牙马德里等地设立了5个物流分拨中心。

通过中欧班列这条现代的火车版丝绸之路，义乌进出口贸易稳中有升。2016年，义乌市实现进出口贸易总额2 229.46亿元，同比增长4.95%，其中进口增长24.61%；与"一带一路"沿线国家实现进出口贸易1 145.47亿元，占总出口贸易总额的50%以上，其中中欧班列沿线国家273.83亿元。

义乌积极响应国家"一带一路"和浙江省"义甬舟大通道"开放大通道建设，推动"义乌系"品牌中欧班列建设，有效降低了物流运输成本，提升了义乌小商品的竞争力，正在快速成长为"一带一路"的积极践行者和领跑者。不仅如此，随着与欧洲、非洲商贸往来的增加，对接新市场的新需求，义乌出口的货物结构悄然改变，从传统的服装辅料、礼品、鞋帽为主到现在手机配件、通信设备、五金机电等高新技术产品呈现快速增长的态势，产品附加值不断提升，主推周边产业集群的提质升级。"义新欧"中欧班列不仅是我国东部沿海地区通往欧洲的第一条国际铁路联运物流大通道，还是我国加快建成新丝绸之路经济带，打造向西开放黄金通道的重要举措。

四、义乌丝路新区：打造义乌国际贸易转型升级高地

丝路新区是义乌市响应国家"一带一路"倡议，顺应浙江省新型城市化发展方向而谋划建设的"三大新区"之一（图 2-1）。丝路新区的总体定位是国际贸易体制机制创新区、全球新兴市场经贸合作区、丝绸之路新起点（丝绸之路经贸论坛）、绿色生态示范城区。丝路新区总规划面积为 40.8 平方千米，其中建设用地为 339 平方千米，主要任务是完善义乌国际化功能，建设全球小商品贸易中心，发挥国家战略的主承载区作用。按创新、协调、绿色、开放、共享和"大众创业，万众创新"的发展理念，丝路新区以全面提升义乌的商贸、金融、文化、旅游、生活等品质为方向，着力打造国际贸易转型升级高地、国家对外交流合作平台、国际都市新区。

图 2-1　义乌丝路新区

义乌是一座建在市场上的城市，城市功能围绕着市场和商品贸易配置。丝路新区为完善城市国际功能，推动对外经贸合作与人文交流提供了强有力的支撑，未来将致力于打造"一带一路"经贸合作"桥头堡"。

（一）建设全球金融服务平台增添城市核心动力

丝路新区位于义乌市东北部，规划面积为 40.8 平方千米，是义乌完善国际化功能、建设全球小商品贸易中心的主承载区，致力于打造国家对外合作交流平台、国际贸易转型升级高地、国际化都市新区。

丝路新区依托国际商贸城、金融商务区、国际文化中心等现有平台，布局培育数据信息、国际商务、国际会展、贸易金融、文化服务、跨境电商等产业，发挥业已形成的商业网络优势，以跨境电子商务为核心，互联网金融、国际物流为配套，实现货物贸易和服务贸易联动发展。在空间上，义乌请了德国最优秀的团队来做研究、规划、布局。聚力把丝路新区建设成国家对外合作交流平台、国际贸易转型升级高地、国际化都市新区。

丝路新区管委会主任叶汉国说："围绕建设世界'小商品之都'这个目标，我们规划丝路新区，就是要在市场周边这40.8平方千米里面，解决义乌商品贸易产业的关键问题，解决这座城市的核心动力问题。"

"全球客商云集，万国文化交融"，未来丝路新区将建设成全球商品贸易中心、交流中心和展示中心，成为服务全球贸易的金融服务平台，成为新丝路经济带上的商务休闲旅游新地标。

（二）发挥贸易金融优势形成金融机构集聚地

丝路金融小镇规划面积为3.8平方千米，建设用地面积为2.46平方千米，紧邻义乌国际商贸城。丝路金融小镇包括国际商贸城金融商务区、国际文化中心等丝路新区重点区块，是未来义乌的区域经济核心。

"丝路新区的金融，必须是要和义乌的产业、和义乌的国际贸易相嫁接的。为了更好地推动贸易的发展，我们在市场周边规划了一个3.8平方千米，以贸易金融为产业内核的功能区域。这个区域就是义乌丝路金融小镇，它也是浙江省第一批省级特色产业小镇创建单位，享受全省最优惠的土地、税收政策。"叶汉国说。

丝路金融小镇突出"贸易"和"金融"优势，创新发展金融业，以打造全牌照城市为目标，致力于形成全省乃至全国领先的多元化金融机构集聚地。

丝路金融小镇一直在大力招引产业项目，重点针对国际贸易企业总部、持牌金融机构、贸易金融企业、私募基金和投资机构等产业主体。投资模式分为总部经济大楼宗地受让模式，企业自建办公大楼，以及在城投公司现成的办公大楼内，企业直接进行申购或租赁办公用房。

截至2017年8月，义乌丝路金融小镇完成30幢大楼招商落地，有27幢大楼开工建设，23幢大楼主体结顶，国信证券、农村商业银行、万豪国际、开元名都、世贸中心香格里拉酒店等建成投用。招引金融贸易机构44家，引进世界500强企业4家、中国民营企业500强3家。截至目前，入驻丝路金融小镇私募基金企业突破120家，基金公司资产管理总规模超过280亿元。自2015年创建以来金融小镇累计完成有效投资48.25亿元。

第二节 "义新欧"

西汉的张骞出使西域，打开了中西之间的交通，"使者相望于道，商旅不绝于途"。此番破除文化政治地域禁锢，被史学家司马迁誉为"凿空之旅"。而今，"一带一路"——21世纪的"凿空之旅"，承接了千年前的流风余韵并将之发扬光大，成为一条比先贤们更坚定、更宽广的道路。

义乌政策沟通不断深化、设施联通不断加强、贸易层次不断提升、资金融通不断扩大、民心相通不断促进，将"一带一路"从理念转化为行动，从愿景转变为现实，开辟万里"义新欧"。随着"一带一路"的推进，"义新欧"中欧班列开行的线路越来越多。2014年开行至今已往返运行500列，从最初的1条线路增加到如今的9条，从原来的"有流即开、无流即停"，到目前每周7—8列常态化开行……"义新欧"境外到达国家已达35个，是我国到达境外城市、运送货物品类最多的中欧班列，成为一条中国与欧洲国家间全新的黄金物流大通道。

一、万里"义新欧"

"义新欧"中欧班列指的是于2014年11月18日从中国义乌出发，经新疆阿拉山口口岸出境，途经哈萨克斯坦、俄罗斯、白俄罗斯、波兰、德国、法国，历时21天，最终抵达西班牙首都马德里的铁路班列。这条铁路线全长13 000多千米，是目前所有中欧班列中最长的一条。义新欧的开通标志着义乌的中欧班列向市场化、多元化、综合化、国际化又迈出了坚实一步，将加速义乌"买全球、卖全球"的步伐。"义新欧"中欧班列是义乌响应国家"一带一路"倡议和浙江省"义甬舟"开放大通道建设的具体践行，也是义乌打造世界小商品之都、成为国际陆港城市的重要载体。如今中欧班列成为新丝绸之路经济带蓬勃发展的最好代言与象征，创下了5个第一。一是运输线路最长，比原来线路最长的"苏满欧"班列（全程11 200千米）长1 850千米，是所有中欧班列中最长的一条。二是途经国家最多，除了哈萨克斯坦、俄罗斯、白俄罗斯、波兰、德国外，还增加了法国、西班牙，共计7个国家，几乎横贯整个欧洲。三是国内穿过省份最多，从浙江出发横贯东西，经过安徽、河南、陕西、甘肃，在新疆阿拉山口口岸出境，共计6个省（自治区）。四是境外铁路换轨次数最多，其他"中欧班列"在哈萨克斯坦、波兰两次换轨，"义新欧"中欧班列（义乌—马德里）还需在法国与西班牙交界的伊伦进行第三次换轨。五是与第一批列入"中欧班列"序列的重庆、成都、郑州、武汉、苏州相比，义乌是唯一一个开通中欧班列的县级城市。

二、"义新欧"效应

自 2013 年 4 月 23 日首次开通义乌至中亚的班列以来，"义新欧"中欧班列已先后开通至中亚、西班牙、伊朗、阿富汗、俄罗斯、拉脱维亚、白俄罗斯、英国和捷克等 9 个方向的国际货运班列。经过多年的发展，"义新欧"中欧班列已经成为促进与班列沿线国家经贸往来的重要平台。截至 2018 年 7 月 30 日，"义新欧"中欧班列已往返运行 463 次，运输标箱 38 994 个。其中，2017 年往返 168 列，发送标箱 14 910 个，同比增长 84.3%。2018 年 1—7 月，"义新欧"班列共开行 158 列，共发运 13 856 个标箱，同比增长 101.5%。

从"义新欧"运输的货物情况来看，出口货物中以日用小商品、箱包、五金工具等传统劳动密集型产品为主，约占 60.2%，货源主要来自浙江、上海、广东、安徽、江苏、山东、福建、江西等八个省市。进口货物主要包括来自沿线国家的酒类、食用油、母婴用品、高档厨具、汽车零配件等以及跨境电子商务的货物。

此外，"义新欧"班列的配套设施也日益健全，运行效率明显提高。境内已经完成查验平台、监管仓库、集装箱堆场、检验检疫场地等铁路口岸核心设施；境外则在沿线国家建立了 4 个平台运营分支机构、8 个海外仓和 5 个物流分拨中心。

"义新欧"班列开通以来一直坚持满载运输，满载率达到 100%。立足浙江，"义新欧"还探索开展了专业拼箱管理模式，为单笔规模小、品类多的义乌小商品出口提供了新的路径，并且积极开拓与跨境电商货源的高效结合。作为全国少数以民营企业为运营主体的中欧班列，"义新欧"充分发挥了浙江省民营企业机制灵活的优势，在运营线路调整、海外网店布局、经营规模创新等方面都走在全国前列。

三、丝路列车、钢铁驼队——一条中国与欧洲国家间全新的黄金物流大通道

随着"义新欧"越来越密集，大量"中国制造"输往世界各地。同时，进口商品也被源源不断地带回。越来越多的国内大型物流企业将"义乌系"中欧班列作为商品通达全球的物流首选，其中包括行驶于布拉格与义乌之间的"义新欧"中欧班列。从捷克首都布拉格市区开车走 D8 号高速公路，一路向北开半个多小时，便可到达年吞吐量 1 000 列、拥有 21 公顷的集装箱堆场，和铁路直达的 12 公顷集装卸、仓储、关务、中转功能于一体的"义新欧"中欧班列停靠站点洛沃西采站。洛沃西采站也被称为"一带一路"捷克站。捷克当地时间 2018

年 6 月 29 日，浙江华捷发展有限公司与 LOGISTISQ UELFOR 公司在布拉格签署合作协议，标志着"一带一路"捷克站物流园项目正式启动。自此，"义新欧"建设进入了"布拉格时间"。"一带一路"的政策沟通和"义新欧"中欧班列的开通，为国际贸易商提供了更多的运输选择。捷克当地媒体将这趟班列称为"丝路列车"。浙江华捷投资发展有限公司相关负责人说，"义新欧"不仅是一趟经贸列车，还是一趟"希望之车"，它在义乌与欧洲、中亚之间搭建起一座经贸合作和文化交流的友谊之桥。

四、商机无限——"中欧班列（义乌）不但给沿线国家送去了'中国制造'，而且带去了'中国机会'"

"义新欧"开通之前，义乌 90% 以上的商品通过宁波、上海等沿海港口出口。开通运行 1 000 多天后，义乌开往马德里单程只需 16 天，运费下降 30%，往来货物品类、货值不断增长，旺季甚至还需要预订仓位。中欧班列（义乌）带来的不断提升的互联互通，增进了"一带一路"沿线国家间的贸易互动，让贸易变得有来有回，大大降低了物流成本。"中欧班列（义乌）不但给沿线国家送去了'中国制造'，而且带去了'中国机会'。"义乌市陆港口岸管理局口岸管理科科长贝旭东介绍，中欧班列（义乌）是长三角地区连接欧洲国家的重要物流通道之一，这奠定了义乌在国家"一带一路"建设布局中的重要地位。

随着"义新欧"的常态化运行，班列集聚了浙、沪、粤、皖、苏、鲁、闽、赣等 8 省市货源，涵盖服装、箱包、五金工具等近 2 000 种"中国制造"商品。中欧班列（义乌）的开行，将义乌打造成了"一带一路"的经贸合作先行区、国际物流枢纽区、"丝绸之路"试验区。

驼铃古道丝绸路，胡马犹闻唐汉风。义乌，这座正在崛起的世界"小商品之都"，在"义新欧"牵引之下，正稳步推进"一带一路"建设，续写古老亚欧大陆的丝路传奇——启动"一带一路"非洲站、迪拜站，设立进口肉类指定口岸，开启常态化运邮业务，推进"义新欧"国内物流示范园项目……

第三节　"无中生有"绘就"义乌上河图"

900 多年前，传世名作《清明上河图》在开封诞生，成为千古绝唱，也成为古都开封最高端的名片；900 多年后，资源匮乏的义乌人"莫名其妙""无中生有""点石成金"地创建了世界小商品之都，绘制了"义乌上河图"。他们的成功中蕴含的创新魄力、创业活力、创造能力，值得许多城市学习、借鉴、反思。"鸡毛换糖"换出"世界超市"世界小商品之都。它是改革缩影，开放门户，新丝路支点城市，十大创客之城和电子商务之都。

2014年李克强在考察义乌国际商贸城时，用古代名画《清明上河图》来比喻义乌的繁荣兴盛。他说："你们商铺面积不大，拓展的却是全球市场；地理位置虽然并不得天独厚，物流却通往世界几乎每个角落。"目前，中国小商品城是由义乌国际商贸城、宾王市场、篁园市场三个市场簇群组成，市场拥有34个行业、1502个大类、32万种商品，几乎囊括了工艺品、饰品、小五金、日用百货、雨具、电子电器、玩具、化妆品、文体、袜业、副食品、钟表、线带、针棉、纺织品、领带、服装等所有日用、工业品。其中，饰品、袜子、玩具产销量占全国市场1/3。商品物美价廉，应有尽有，特色鲜明，在国际上具有极强的竞争力。商品辐射209个国家和地区，行销东南亚、中东、欧美等地，年出口量已达总成交额的50%。其中，工艺品、饰品、小五金、眼镜等优势行业商品出口量占行业销量的70%以上；市场内60%以上的商户发生外贸供货业务，现长驻义乌的外商达5 000多人，境外商务机构200余家。如今的义乌国际商贸城足以与当年的"清明上河图"媲美，堪称当代的"义乌上河图"。而义乌商贸城配得起这一赞誉，果在每一个摊位前停留3分钟，按每天8小时计算，则需要一年半才能逛完。

一、"义乌上河图"中的义乌精神

（一）"义乌上河图"寓意深刻

在当前全球经济增速放缓，我国经济运行压力加大等背景下，作为全球最大的商品市场，义乌加大商品转型升级和外贸改革力度，不但交易额创下历史新高，而且新增市场主体大幅上升，成为弱市行情中的一匹黑马。这也与李克强总理一直倡导的"大众创业、万众创新"的思路正好契合。他几乎每次考察都要为创业者"呐喊助威"，对小微企业发展尤为关爱，对新兴业态寄予厚望。在义乌"网店第一村"——青岩刘村，他停留1个多小时，连续走访了3家商铺——一家批发货物的电子商务公司、一家销售亲子服装的网店、一家快递公司，而这3家商铺连起来就是网上虚拟经济产业链。这条路线对经济发展、创业就业有十分明显的作用：青岩刘村虽然入册人口不到1 500人，却有1.5万人在这里从事电商工作，2014年成交额达40亿元。

（二）"义乌上河图"弘扬义乌精神

在义乌国际商贸城，一位老商户把 30 多年前艰苦创业时摇动的拨浪鼓赠送给总理。李克强接过摇了摇说，我知道义乌人创业初期的"鸡毛换糖"、摇着拨浪鼓走天下的历史。这个礼物很珍贵，浓缩了"义乌精神"，要把它转赠给国家博物馆。"义乌精神"是对成千上万义乌人"创业、创新"精神的赞扬，正是他们迎着改革开放大潮，从摆地摊经营初级小商品开始，一步一个脚印，持续开拓创新，以越来越多、越来越好的小商品，连结城市乡村、连结省内省外、连结世界各地，建成了全球最大的商品市场，成为中国的一张名片。

（三）"义乌上河图"指明发展方向

在这里，每一家商铺都有着各自的创业故事和人生经历；每一个创业者孜孜不倦、兀兀穷年，追寻着属于自己的那份幸福。文艺要坚持以人民为中心的创作导向，热情拥抱时代，贴近群众，深入生活，就应领悟"大众创业、万众创新"的丰富内涵，将当代"义乌上河图"融入笔端，尽情放歌。

二、"义乌上河图"描绘商业文明的繁荣

李克强评价义乌市场的繁荣和义乌社会经济的发展为"义乌上河图"，这一评价高度概括了义乌全面发展的良好景象，风土人情和义乌繁荣的商业文明反映了义乌的商业、手工业、民俗、建筑、生活细节等与经济民生有关的事物的发展状况。义乌高楼巍峨，街道纵横交错，店铺鳞次栉比，街道处处是市场，来自世界 209 个国家和地区的采购商熙熙攘攘。

"义乌上河图"描绘了义乌社会经济繁荣的景象，是义乌经济快速发展情况的真实写照。义乌经济文化充满活力，商业文明、经济发展到了一个较高的水平。

三、开放包容的共处

"义乌上河图"反映了义乌社会各阶层人民和义乌外商的生活状态。"义乌上河图"正如"清明上河图"一样，在义乌市场中，不同行业的人，从事着各种商贸活动。这些人中，有外商投资创业，有义乌地摊商贩，有来自全国各地的贸易商，有国际采购商，有经营商户等。市场商品琳琅满目，让人眼花缭乱，各国人士熙熙攘攘、热闹非凡。"义乌上河图"反映了各色人物、各阶层、各种职业、各种经济形体和各种新兴事物等。

"义乌上河图"除了体现国际创客之间的和谐共处和跨文化融合，还反映了义

乌国内国际经济贸易往来频繁，整个社会开放包容的氛围非常明显。义乌的政治环境宽松、开明。在政府的鼓励政策下，市场商贸发展迅速。义乌尊重个性的发展，在这种氛围下，民间的自主意识和积极性上升，商贸活动十分活跃。

四、"义乌上河图"引航义乌发展

20 世纪 70 年代，义乌还是浙江中部一个贫困的农业小县，人多地少，资源贫乏。义乌人自古就有经商习惯，"鸡毛换糖"是义乌货郎传统的谋生手段。改革开放后，一些义乌人开始不满足于靠"鸡毛换糖"解决生计问题，提心吊胆地做起了贩卖日用品的小生意。1982 年 8 月，义乌县委、县政府做出了一个大胆决策：允许农民经商、允许从事长途贩运、允许开放城乡市场、允许多渠道竞争。这种敢为天下先的魄力和勇气，成就了义乌第一代小商品市场，为没有资源优势、没有交通优势的义乌成为一代商都抢得了先机。

几十年来，义乌以小商品流通为载体，推进市场化，带动工业化，催生城市化，演变为国际化。第一代马路市场经过五易其址，九次扩建，迅速跃升到第五代的国际商贸城，实现了从"鸡毛换糖"到"世界超市"的华丽嬗变。2005 年，义乌市场被联合国、世界银行、摩根士丹利银行评为"全球最大日用品批发市场"。2006 年 10 月，由商务部主持编制的"义乌·中国小商品指数"开始定期向全球发布，成为全球日用消费品价格变动的"风向标"和"晴雨表"。2013 年，国际生产资料市场投入使用后，义乌更是实现了由"买卖全球小商品"到"买卖全球生产资料"的跨越。

（一）改革缩影开放门户

义乌是一座锐意进取的创新城市。在促进主体市场持续繁荣的同时，网上市场，义乌电子商务展现蓬勃发展之势，注册地在义乌的账户数超过 25 万家，内贸网商密度位居全国第一，外贸网商密度仅次于深圳，位居全国第二，快递业务量位居全国第七。进口贸易发展迅猛，国际商贸城内开设了 10 万平方米的进口商品馆，累计引进 100 多个国家和地区的 7.7 万多种境外商品，建成非洲产品展销中心和东盟产品展销中心，日用消费品进口连续两年翻番。

义乌是一座融入全球的开放城市。每年到义乌采购的境外客商近 50 万人次，有 100 多个国家和地区的 1.3 万多名境外客商常驻义乌。商品出口到世界 210 多个国家和地区，市场外向度为 65% 以上，吸引了沃尔玛、麦德龙等 20 多家跨国零售集团和 30 多家国内知名连锁超市常驻采购。全市现有各类涉外机构 5 300 多家，其中外商投资合伙企业 2 200 多家，约占全国的 75%。

义乌是一座充满活力的创业城市，有 13 个国家级产业基地，1 个国家级经济技术开发区、1 个省级产业集聚区、1 个省级工业园区，2.67 万多家工业企业，并涌现了一批行业"单打冠军"，其中无缝内衣产量占全球的 30%、全国的 80%。全市拥有各类经济主体 32 万户，被评为全国十大创客之城。会展、金融、物流等现代服务业发达，有义博会、文交会、森博会、旅博会等国家级展会，每年举办各类专业展会超过 80 个。金融服务灵活多样，物流便捷高效，吸引了越来越多的客商来义乌投资创业。义乌物流覆盖了全国 321 个地级市，形成了辐射国内、全球的物流网络，是全省主要的内陆港和全国最大的零担货物配载中心，被联合国亚太经社会列为国际陆港城市。义乌港整合并入浙江省海港集团，美国联邦快递等全球快递巨头和马士基等全球知名海运公司都在义乌设立了分公司或办事处。

2015 年 12 月，习近平在出席中非领导人活动时推介义乌为世界"小商品之都"。2014 年 11 月，李克强到义乌视察时，称赞义乌小商品市场是中国名片，义乌商贸城堪称当代"义乌上河图"。

（二）再出发领跑"一带一路"

自 2013 年我国首次提出"一带一路"倡议以来，义乌主动把城市发展纳入"一带一路"节点中进行谋划、定位，构筑起对外开放大平台。义乌依托国际贸易综合改革试点，以市场为核心，积极打造集国际贸易、国际金融、国际会展于一体的国际商贸平台，努力开拓"一带一路"沿线国家市场。

在"一带一路"建设大背景下，义乌开通"义新欧"中欧班列，与"一带一路"沿线国家经贸合作愈加密切，逐渐成为新丝绸之路上经济带重要的支点城市。

2014 年 11 月 18 日，中国史上行程最长、途经城市和国家最多、境外铁路换轨次数最多的"义新欧"火车专列从义乌首发，经新疆出境，途经哈萨克斯坦、俄罗斯、白俄罗斯、波兰、德国、法国、西班牙 7 个国家，全程 13 050 千米。和海运相比，"义新欧"专列的运距与时间都大大缩短了。

此后，"义乌系"中欧班列相继开通 8 条线路，成为到达境外城市最多的中欧班列。截至 2017 年 4 月底，"义乌系"中欧班列已往返运行 177 次，运送 13 953 个标箱。"义新欧"班列的顺利往返，让义乌小商品在全球的流通掀开了新的一页。"中国制造"通过这里搭建的大物流体系，从义乌走向世界。在这种市场力量搭建的大流通中，商品流、信息流、资金流自发形成并畅行全球。东西方小商品贸易最繁忙的义乌已然成为新丝路经济带的一个龙头，成为新丝绸之路的新起点，理所当然肩负起了新使命——成为中国制造走向世界的平台。

（三）打造"义乌上河图"旅游城市

义乌市积极谋划打造"义乌上河图"5A级旅游景区，规划将国际商贸城、丝路金融小镇、义乌江及两岸资源进行整合，以商务休闲和旅游购物为特色，以生态观光和文化体验为亮点，融合会展、美食、金融等业态，进一步丰富义乌旅游供给，优化义乌产业结构。2014年李克强来义乌时说："义乌国际商贸城堪称当代义乌上河图。"景区取名"义乌上河图"，不仅是对当前的规划做了准确的定位，还是对未来发展做了展望。

第四节　国际贸易综合改革试验区

义乌是全国改革开放的一面旗帜。义乌的发展是"无中生有""莫名其妙""无奇不有""点石成金"，浙江要求在全省学习义乌发展经验并推广。2015年12月，习近平在出席中非领导人与工商界代表高层对话会时，称义乌为"世界小商品之都"。2014年11月，李克强到义乌视察，称赞义乌小商品市场是中国名片，义乌商贸城堪称当代"义乌上河图"。作为全球小商品贸易中心，义乌现有各类经济主体32万户，总量稳居全国县级区域第一；小商品市场交易额3731亿元，已连续25年居全国各专业市场榜首。作为全国最富县市，2016年义乌城镇居民人均可支配收入超过6万元，稳居全国第一，人均储蓄余额、私人汽车拥有量等10项经济指标位居浙江省各县市区第一。

2011年3月，在时任国家副主席习近平、国务院副总理李克强等党和国家领导人的关怀下，义乌获批开展全国唯一的国际贸易综合改革试点。这几年来，义乌勇当改革促进派和实干家，创新积累了一大批可复制、可推广的改革经验，改革红利持续释放。义乌在全国率先探索建立"市场采购"贸易方式，从根本上解决了专业批发市场外贸发展的制度缺失问题，有力地促进了中小微企业参与国际贸易。义乌外贸出口从2010年的240多亿元增长到2016年的2240多亿元。义乌作为一个县级市，外贸出口份额占到全省1/8、全国1/62。国务院将义乌市场采购贸易方式试点经验在全国复制并推广。当前，"义新欧"已实现双向常态化运行，并开通西班牙、伊朗、德国、阿富汗、英国等8条线路，成为地方在国家"一带一路"建设实践中的典范和品牌，2019年义乌国际贸易综合改革试验区。

一、义乌国际贸易综合改革试点

为深化义乌国际贸易综合改革，充分发挥义乌改革示范引领作用，浙江省提出规划建设国际贸易改革试验区，通过叠加实施自由贸易港区等改革措施，努力推进外贸领域改革，构建开放型经济新体制，探索新路径，提供新经验，推动义乌国际贸易改革试验区建设。

（一）"反向"实施市场采购进口贸易机制

随着国民生活水平日益提高，大量消费者选择出国购买境外商品。消费者购买的产品不只是奢侈品，更多的是日用消费品，包括奶粉、马桶盖、电饭锅等。消费者每年在境外消费超过万亿元。当前，越来越多市场主体敏锐地发现进口贸易的商机，许多市场经营户、外贸公司、境外客商开始转向在义乌从事进口贸易。目前，义乌进口商品馆已有来自全球 100 多个国家和地区 10 万种进口商品；进口商品博览会已成为国内进口日用消费品领域的最大展会，每年吸引全球 100 多个国家、地区 1 500 家企业参展；进口商品购物节每年吸引 50 万以上消费者，2017年义乌实现进口商品销售 75 亿元以上。

为此，义乌实施市场采购贸易方式，在为中小企业外贸出口创造便利条件的基础上，对市场采购进行"反向"操作，建立保税市场，鼓励市场经营户境外集中采购，境内集中销售，在不影响全国税收"总盘子"基础上，对部分商品实行进口免税或先征后退的政策，引导境外消费回流。在"义新欧"回程班列进口商品中试行，并实行"四限"措施：一是限主体，经认定的市场集聚区内的市场经营主体；二是限额度，设定市场采购进口免税限额为集装箱 15 万美元/票；三是限商品，限定采购部分关税税率较低、国内产业互补性强的进口日用消费品，如纺织服装、工艺品、家用电器等；四是限区域，优先选择"一带一路"沿线与我国有紧密或重要贸易关系的国家与地区，已签订或即将签订自由贸易区协定的国家和地区（如西班牙、瑞士等）。

（二）开展跨境电子商务综合试验

近年来，义乌加快线上线下融合发展，注册地在义乌的电商账户数超过 25 万家，内贸网商密度位于全国第一、外贸网商密度位于全国第二。2017 年，义乌市的快递业务量已突破 10 亿件，超过河南、四川等 24 个省（直辖市）。特别是跨境电子商务发展迅猛，义乌国际邮件互换局建成投入运营仅一年，通关总量即突破5 000 万件，位列广州、深圳、北京之后，居全国第四，已成为市场采购贸易之外新的外贸增长点。义乌设立跨境电子商务综合试验区，正探索开展跨境电子商务利用市场采购贸易方式出口、跨境电商保税进口等业务，为全国跨境电子商务发展积累经验。

（三）将"义甬舟"开放大通道上升为国家战略

"义甬舟"开放大通道是浙江省在"十三五"规划时期建设的重大战略平台。该通道以宁波舟山港、义乌陆港、甬金高速、金甬舟铁路为支撑，叠加浙江自贸试验区（舟山）、宁波梅山新区和义乌国际贸易改革试验区三大开放平台功能，将义乌这一全球小商品贸易中心和宁波舟山港这一世界第一大港紧密连接起来，建立起"买全球、卖全球"的贸易格局。在此，"义甬舟"开放大通道作为国家实施"一带一路"和长江经济带发展战略、促进长三角城市群发展的重大举措，参照长株潭、武汉城市圈等国家新型城市化改革试点，规划建设"义甬舟"贸易和开放发展带，在浙江省内成为连通宁波舟山都市区和金义都市区的经济走廊、开放走廊，带动金衢丽等浙江中西部崛起，在省外成为赣、皖、闽外贸新通道和长江经济带长江黄金水道的南翼辅道，让沿线城市的功能布局得到优化，达到以线带面的目的，最终形成一条都市经济走廊。

（四）将"义新欧"中欧班列平台列为国家"一带一路"建设重要平台

目前，"义新欧"中欧班列累计开行115趟，境外到达33个国家，发送8 600余标箱，累计行程相当于绕地球37圈。中国小商品城华沙分市场、德国杜伊斯堡回程集货中心、中白（白俄罗斯）工业园、义乌西班牙交流基金会等沿线项目陆续实施。随着班列货源地和货源方式进一步拓展，"义新欧"中欧班列的国际影响力不断增强。为了拓展"义新欧"中欧班列的平台功能，建议将它列为国家"一带一路"建设重要平台，支持建设"义新欧"海外分市场、物流分拨中心、海外仓、经贸产业合作园、跨境电子商务海外仓等重大项目，并将其作为"一带一路"项目包进行储备，推动国家开发银行、亚投行、丝路基金等机构的支持；推动建立与中欧班列沿线国家和地区的跨国海关和跨国铁路协调机制，将"义新欧"中欧班列作为我国与沿线国家商协会组织的合作或推荐项目。

（五）支持义乌建设铁路综合枢纽高架站房

目前，铁路义乌站进出站旅客日均达7~8万人次，高峰期间达10万人次。随着杭温、金甬铁路开通，金义东城际铁路的接入，加上现行杭长客专、沪昆铁路，义乌站中远期日均客流将达 15~20 万人次，全年客流达 3 500 万人次，义乌站场规模将达"10 台 27 线"，成为国家级综合交通枢纽。但是，目前使用的传统侧式站房在乘车便捷度、旅客疏散、整体形象等方面就存在诸多隐患和不足（前期义乌与铁路总公司、上海铁路局、中铁第四勘察设计院等就建设高架站房问题进行多次沟通协调，此想法得到理解与支持。同时，委托铁四院开展专题技术研究，得到明确答复："在技术上是可以的，安全是有保障的。"），建议国家有关部门支持并批准义乌铁路综合枢纽高架站房建设。

二、义乌国际贸易综合改革试验区

义乌国际贸易综合改革试验区规划总面积 1 283.77 平方千米，范围包括义乌市全域、金义都市新区（金东片）；设立面积约为 68 平方千米的重点建设区，其中义乌区块 48.6 平方千米，金义都市新区 20 平方千米。

义乌国际贸易综合改革试验区（以下简称"试验区"）不是行政板块，而是经济板块，实行空间上统一规划、功能上统一布局、政策上统一覆盖、招商上统一品牌。试验区将聚焦市场和贸易这一最大特色优势，坚持"改革＋开放、市场＋制造、传统＋新型"，以融入和服务"一带一路"建设为核心，以大众贸易自由化、便利化和国际贸易高质量发展为方向，对标国际自由贸易港，着力在体制机制创新、制造业和服务业融合发展、市场化合作等方面取得新突破，创造条件，争取纳入中国（浙江）自由贸易试验区。

试验区建设主要有两个阶段的目标：到 2020 年，基本建成世界领先的国际小商品贸易中心，新业态、新模式、新技术、新组织形式集成集聚，先进制造业和现代服务业深度融合；到 2035 年，构建完善的现代商贸流通体系和国际贸易机制，实现贸易增长和动能提升、现代流通和先进制造、金融服务和实体经济良性循环，建成世界"小商品之都"。

试验区建设将给义乌带来三大红利：一是允许先行先试。试验区将围绕"自由贸易"，在进口、出口、转口等板块发力，推动市场、制造、物流、金融服务和研发设计等联动创新。二是充分赋予权限。省人大常委会将研究制定试验区建设相关条例，推行改革"备案制"，全面赋予义乌国贸改革领域省级权限，并加大资源要素和政策倾斜力度。三是开拓发展空间。试验区将完善区域协调发展机制，推进空间区域创新，积极争取国家层面支持，切实解决发展空间问题。

第五节　创新之城

一、市场之城

义乌是一座建在市场上的城市。中国小商品城坐落于浙江省义乌市，创建于1982年，现拥有营业面积470余万平方米，商位7万个，从业人员超过21万，日客流量21万余次，经营16个大类、4 202个种类、33 217个细类、170万个单品。义乌是国际性的小商品流通、信息、展示中心，被联合国、世界银行与摩根士丹利等权威机构称为"全球最大的小商品批发市场"。中国小商品城成交额达683亿元，连续23年稳坐全国专业市场"头把交椅"[1]。经过五易其址、十次扩建，义乌已形成以中国小商品城为核心，11个专业市场（义乌农贸城、家具市场、木材市场、义乌装饰城、物资市场、通信市场、家电市场、汽车城、二手车交易市场、房地产交易市场、出版物交易中心），14条专业街相支撑，运输、产权、劳动力等要素市场相配套的市场体系。

义乌每天有来自全国各地的20万经商大军活跃在市场里。其中，常驻义乌采购商品的外商超过10 000名。市场年出口标箱50多万个，出口215个国家和地区；经批准在义乌设立的境外企业办事处2 300多家；境外客商在义乌银行开设账户9 000多个；联合国难民署、外交部礼品采购处、家乐福亚洲总部分别在义乌市场建立采购中心。欧美等发达国家已经成为义乌商品的重要出口市场，在这里，每年要举办40多场专业展会。义乌有设施齐全的国际物流中心及5个专业货运市场，有国内外货运经营单位600多家，全球20强海运集团已有15家在这里设立办事处，开通250多个大中城市货运业务，5条铁路行包专列，20余条航线。义乌被浙江省政府确定为全省三个"大通关"建设重点之一。

这里每周向全球发布世界日用消费品批发指数——"中国义乌小商品指数"。指数的发布进一步巩固和提升了义乌小商品行情对全球小商品市场的影响力，增强了中国小商品在全球的话语权。它的发布必将会成为世界贸易文化体系中一个鲜明的坐标。

2005年，联合国、世界银行、摩根士丹利等世界权威机构联合发布的一份中国发展报告中，称义乌为"全球最大的小商品批发市场"。义乌市场被授予全国唯一的"重质量，守信用"市场、"守合同，重信用"和"信用示范市场"称号。2008年，义乌市场面对种种困难实现平稳发展，集贸市场成交额达492.3亿元，同比增长 6.83%。其中，中国小商品城成交额 381.81 亿元，同比增长 9.6%。在中国小商品城逆势增长势头的带动下，全市其他各类市场发展也非常活跃，全市成交额亿元以上的市场有 13 个，成交额 10 亿元以上的市场有 5 个。截至 2014 年，义乌小商品城连续 23 年居全国专业市场榜首[3]。

二、发展之城

（一）发展的传奇

走进义乌中国小商品城发展历史陈列馆的大门，人们首先看到的就是一只巨大的拨浪鼓浮雕。这只拨浪鼓从清代乾隆年间开始就在义乌的货郎手里摇响，他们挑着当地特产的红糖到每家每户换鸡毛，形成了"敲糖帮"，换来的好的鸡毛用来做掸子卖钱，差的就沤到地里做肥料。"鸡毛换糖"的"货郎春秋"一直延续到 20 世纪 70 年代末期。

那时，"敲糖帮"发现，用小商品换鸡毛比敲糖换鸡毛更受欢迎。于是，在当地的廿三里集贸市场上，众多的小商品专业商贩开始活跃起来，同时在稠城镇的县前街、北门街先后兴起了同样的市场。彼时，中国的改革开放刚刚开始，各地对政策的理解和执行程度并不一样。在义乌，农民从事商品交易要被安上"投机倒把"的不当之名。

看到民众的经商需求，当时义乌政府部门想办法默许农民商贩存在，去外地经商的农民可以去找工商局办理"小百货敲糖换取鸡毛施肥临时许可证"。但是要进县城摆摊，还是免不了会被禁止。

【实例】为什么不让我们做生意？

当年的女青年何海美就遭到了这样的难题。她全家收入微薄，度日艰难。1982 年，有一次她的哥哥从部队回家探亲，带来十几张明信片。她想，把这些明信片拿到电影院门口卖了，可能有钱赚呢。结果真的很快就卖完了。她又想法子进货去卖，三天下来，赚了 32 元。这在当时是挺大一笔钱。尝到了做生意的甜头，她又去卖别的东西，结果某天在街上卖尼龙袜，被县政府"打击投机倒把办公室"的人员抓了个现行，货物全被没收。她难过地站在路边待了好久，后来看到时任义乌县委书记的谢高华远远地走来，她立马激动地冲上去拦住他，高声质问："为什么不让我们做生意？"

拦住谢高华，发出同样质问的当地农民并不只有何海美一人。看到民众通过经商改善生活的迫切愿望，谢高华与县委县政府领导班子冒着政策风险，毅然做出决定，宣布开放小商品市场。在通告这项政策的大会上，何海美激动地流下了眼泪。

靠着民众和领导的倔强敢拼，义乌从当时政策的夹缝中为自己争出了一条发展小商品市场的道路，后来又提出"允许农民经商、允许从事长途贩运、允许开放城乡市场、允许多渠道竞争"的"四个允许"，让当地人开始放心大胆甩开臂膀做生意。那时义乌政府相关部门号召商户"传帮带"一起做生意，人们热情高涨。1982年9月5日，政府用水泥板搭起两排简易摊位，建成了义乌第一代市场——稠城镇湖清门小百货市场。1984年，义乌县委县政府提出口号：兴商建县。同年12月6日，义乌第二代市场——新马路市场建成，后更名为义乌小商品市场。1986年9月，位于城中路的第三代义乌小商品市场建成开业，内设4 096个固定摊位和1 000余个临时摊位。两年后，义乌撤县设市。

城中路小商品市场在全国的知名度越来越高，各地客商蜂拥而来。1992年3月，国家工商局宣布：义乌小商品市场以成交额10.25亿元的业绩，位居全国十大市场的榜首。同年9月3日，国家工商局批准义乌小商品市场命名为义乌中国小商品城。从此，"华夏第一大市"美名远扬。

1992年11月，拥有1.5万余个摊位的义乌首个大型室内市场——篁园市场开业，这被认为是第四代市场。2002年，新建的义乌国际商贸城一期市场开业，至今总共建成开业五期，成为我国当前国际化程度、现代化程度最高的小商品市场。国际商贸城、篁园市场与2013年开业的国际生产资料市场一起，被当地人认为是义乌小商品的第五代市场。截至2017年，总商位数达75 000个，总营业面积超过550万平方米，年成交额达1 226亿元。

义乌小商品城不仅是中国的，还是全世界的。"打造全球最大超市，建设国际购物天堂"的发展理念正在快速成为现实。

（二）抓住电商与对外的机遇

义乌人尽管只用十年时间就把小商品市场做成了中国第一，但迈入21世纪，电商的潮水刚刚拍岸时，义乌人似乎还没反应过来。最初，义乌的商户对电商不太理解，甚至有些排斥，他们觉得电商会抢了他们多年积累下来的实体店铺的生意。但是，义乌政府在拥抱电商的层面上觉醒得比较早，只是一开始比较谨慎。然而，随着产业的发展，电商给贸易带来的时效提升、成本下降等诸多好处逐渐显现，不少商户开始"吃螃蟹"，政府也在逐渐研究如何让电商落地。

时势造英雄。2008年全球金融风暴，实体商业受到了剧烈的冲击，而此时电商的门是"想关也关不上了"。义乌政府顺势而为，开始推行"电商换市"。从2013年开始，义乌政府决定为60万人提供免费的电商培训。当时是一个街道一个街道地开培训班，推广的力度非常大。

实际上，义乌是全球最大的小商品集散中心和采购基地，共汇集了20万余家日用消费品生产企业的170多万种商品，拥有其他地方无可比拟的网货资源。当原先发达的小商品贸易遇上电商这条黄金路径，加上政策的助推，带来的效益是显而易见的。据统计，目前全国零售网商有70%的商品来自义乌市场，而批发网商中这个比例更达到80%。

功夫不负有心人。电商给义乌小商品市场带来了根本性的变革，它的地位从最初的"实体商业的补充"变成了当前的主导。在义乌市场中开设的实体商铺成为电商虚拟市场的一种背景、一种支持。数据也证明了这一点：自2013年以来，义乌网上交易在数额上已经跑赢了实体交易，从2010年到2016年，义乌电子商务贸易额从250亿元增长到了1 770亿元。2017年，电商交易额达2 220亿元，同比增长25.3%。2018年1—8月，义乌电商快递业务量达16.12亿件，位列全国第四。目前，义乌的电商账户超27.8万户，全市网拍摄影、代运营、创意设计、推广、人才培训、第三方仓储等电子商务配套产业实现集聚发展。

义乌政府打造了官方的"义乌购"电商平台，让当地实体市场的所有商户全部入驻，并为他们提供培训、技术等支持，实现电商全覆盖。除此之外，多元化的第三方电商平台都已入驻义乌，除天猫、淘宝、京东之外，还有拼多多、唯品会、贝贝网、国美、苏宁等，以及纯移动电商，如微商城等。

三、国际化之城

义乌已经成为中国的一张"国际名片"。2015年12月4日，习近平在南非约翰内斯堡举行的中非企业家大会上就特别提到："在我曾经工作过的浙江省，有个小城叫义乌，号称世界'小商品之都'，现在有几千名非洲商人常驻那里，从事中非贸易。"

义乌发达的国际贸易在"一带一路"倡议提出后，得到了更为迅猛的发展。义乌开通了"义新欧"国际货运班列，开展班列运邮试点。这里建成了B型保税物流中心、跨境电子商务公共监管中心和跨境保税进口电商监管中心。

2018年，来自全球209个国家和地区的1.5万名外国友人在义乌长期工作和生活。他们中许多人已经融入了当地，在义乌的市场和街头，随处可见不同肤色的各国人士，有的还骑着非常有中国特色的电动车来回穿行。

四、创客之城

腾讯 QQ 大数据发布的《2017 全国城市年轻指数报告》显示，金华和贵阳仅次于深圳，在全国年轻城市排行榜并列第二位。而作为金华的八骏之一，2016 年义乌对"城市年轻指数"的贡献率达到了 43.5%，从一个方面展现了义乌这座城市的年轻活力。

"带着一个富有创意的大脑和一股干事创业的激情，就可以在义乌实现你的创业梦！"曾经的口号如今已经成为现实，义乌已然成为年轻梦想者的舞台、创业者的天堂。义乌承载着无数有志青年的创业梦想，成就了无数有志青年的创业理想。一大批来自五湖四海，有理想、有激情、有梦想的人在义乌擎起创业的大旗、扬起创新的风帆，激荡青春、挥洒汗水、收获成功。

（一）创业沃土梦想起航

2014 年 11 月 19 日，李克强夜访青岩刘村，盛赞其为"网店第一村"。在两个月后的世界经济论坛年会上，李克强在致辞中再次提到青岩刘村，称其为"勤劳肯干大众创业的生动写照"。

从此，青岩刘不只是义乌的"淘宝村"，还是全国的标杆。怀揣创业梦想的年轻人接踵而来，在这里上演白手起家的精彩故事。

【实例】"淘宝第一村"义乌青岩刘的创客创业故事

河南小伙周东亮创业失败后慕名来到青岩刘。在这里，他感受到了如火的激情，几近熄灭的创业之火重新在胸中熊熊燃烧。在不到两年的时间里，他组建了小有名气的百飞兄弟团队，店铺销售额实现了从零到千万元的飞跃。

作为首批在青岩刘从事淘宝创业的年轻人之一，周俊杰刚到青岩刘时租了两室一厅的居民房，每天上午 8 点起来通过电脑和买家谈生意，一直忙到次日凌晨两三点。如今，他的企业有员工 52 人，产品超过 4 000 种，仓库面积为 6 500 多平方米。周俊杰也把销售目标定在了亿元以上。

在青岩刘，像周东亮、周俊杰这样的创业代表还有很多。统计数据显示，目前，青岩刘的电商从业人员达 2.5 万人，平均年龄为 25 岁。今年，青岩刘的 4 000 多家网店日均出单 12 万单，销售额达 60 亿元。

目前，义乌已经拥有义乌工商学院、浙江大学义乌创业育成中心、网店第一村青岩刘创业园等 5 家大学生创业孵化园，义乌市青岩刘创业服务有限公司、浙江橙果企业管理咨询有限公司、义乌万营投资有限公司等 10 家金华市级"青创工场"，科创园、高创园、文创园、众创空间、创业学院等众多创业创新平台，为在义乌的创客们提供了集创业知识教育、创业实践指导、创业项目孵化等全方位、多维度的创业服务。据统计，义乌现有市级众创空间 24 个，省级众创空间 5 个，省级创业孵化示范基地两家。市级众创空间创业面积达 2.3 余万平方米，可为创客免费提供工位 1 543 个，累计吸引 194 个创业团队（企业）共计 926 人入驻孵化，带动就业 6 800 余人。

义乌市级众创空间、大学生创业孵化园、创业培训机构、创业协会等创业平台自主发起成立了"义乌市创业平台联盟"，以进一步提高我市创业平台服务能力和孵化水平，为创业者提供优质的创业创新服务，集民间性、互助性、公益性于一体。目前，该联盟已有成员单位 29 家，主要工作包括举办学习培训活动、开展交流合作、提供信息服务和各类咨询服务、承办接受政府部门或其他机构的调研委托等，以此帮助义乌创客实现创业梦想。

此外，2016 年，北京中关村异地孵化器正式设立，形成了北京—义乌两地间飞地孵化的典范。义乌还围绕时尚、信息、健康、装备四大战略性产业，通过"丝路新区""陆港新区""科创新区"统筹全局；国家级经济技术开发区、省级高新技术园区、"千人计划产业园"等多个产业化平台持续发力，积极打造"具有硅谷气质"的"双创"热土。

（二）政策护航激发活力

当"大众创业、万众创新"义乌潮起潮涌，年轻人群体日益成为义乌创业创新的中坚力量。义乌顺势而为，积极营造良好的政策环境和市场环境，剪除影响创业创新的"藤蔓"，为来到义乌创业的年轻人安上驱动的引擎，插上飞翔的翅膀。

从出台系列创业扶持优惠政策，到针对人才服务"痛点"四方发力开启"最多跑一次"改革，再到创业课堂开讲、创新联盟成立……义乌为激发年轻人创业创新不遗余力。

这些年，义乌强力出台了《关于进一步鼓励大众创业万众创新促进更高质量就业的实施意见（试行）》综合性文件，配套制定出台了小额担保贷款实施办法、大学生就业见习实训实施办法、创业大赛补贴办法、创业论坛和沙龙活动补助办法等 10 余个配套文件，从创业到后期保障，为大学生提供更大范围、更高层次的创业扶持。

【实例】"梅干菜大王"

致力成为"梅干菜大王"的"90后"大学生崔万义，如今已成为梅干菜品类的淘宝销售冠军。他对义乌政府在其规模扩张时给予的"真金白银"补助铭记于心。"梅干菜不同于其他农产品，在旺季到来之前，我们需要对它进行一段时间的沉淀，这就要求提早囤货。"崔万义说。对于一个初创者而言，资金周转无疑是最大的难题。当得知自己可以获得政府30万的免息贷款时，他的激动之情溢于言表。"这样的帮助是莫大的动力，支撑我们这些年轻人在这里继续前行。"

义乌经济的快节奏步伐使在义乌生存和发展的企业对拥有丰富实战经验人才的需求更为迫切。为了缩短大学生毕业以后进入企业的过渡时间，补足人才这块短板，义乌快人一步，化被动为主动，提出通过创建大学生见习实训基地，加强大学生见习实训工作，让大学生真正操练起来。目前，被政府认可的大学生见习实训工作基地已有100多家。

义乌一些企业为激励大学生前来见习、就业，特别设立了"人才成长基金"，注重对大学生职业生涯的设计。他们给予家庭经济条件困难且在见习、实训期间表现优秀的大学生生活补助，给予见习、实训结束后继续留在企业工作且作为骨干梯队培养的大学生培训补助，给予优秀见习、实训大学生奖励。

2018年6月，义乌重磅发布"人才新政"20条。15亿元的创业投资引导基金和产业基金、5 000万元人才奖励、贷款贴息、创业场地、培训服务以及住房优惠，尤其是大专以上学历者子女入学全解决，这让义乌"大众创业、万众创新"进入了一个全新的高度。其中，在支持大学生就业创业方面，义乌实施倍增计划，打造义乌特色的"市场版"众创空间，对符合条件的创客孵化类众创空间每年给予最高30万元补助，期限不超过3年；对投资促进类众创空间给予最高一次性50万元建设补助；对培训辅导类众创空间按培训绩效给予一定补助。对入选国家级、省级的众创空间，按照上级奖励标准给予1：1配套奖励。

不断优化的人才发展环境激发着创业创新的内生动力，正让越来越多的年轻人加速向义乌聚集。现在"新义乌人"中的本科生、硕士、博士越来越多了，义乌平均每年引进各类人才1.6万人次，五年共计8万人次。仅2016年净流入的大专以上学历人才就达3.3万人，形成了总量超20万人的高学历人才队伍。

（三）氛围浓郁，兴者自来

义乌是培育创客的沃土，浓浓的创客氛围吸引着年轻人创新创业。义乌是小商品海洋、购物者的天堂，这里的货品款式新颖、质优价廉，经营户义利并举，是初创者根植生发的沃土。义乌除了拥有最大的实体市场，也有成熟、完整的小商品产业链，同时有宽松的创业、创新环境，低成本的配套环境，浓厚的"亲商"氛围，对创业创新的尊重，以及强大的商流、信息流、人才流……在一系列暖政的孕育下，创新创业的种子在商城犹如雨后春笋。义乌这个诚信、包容、开放的城市正逐步成为年轻人创业的"梦工厂"。

义乌拥有全球最大的小商品批发市场，市场面积550万平方米，商位7.5万个，经营商品超过180万种，每年有超过1 000万的客商前来采购，年成交额超过600亿欧元。

【实例】义乌创二代

义乌创二代王瑜是硕士研究生学历，家人都希望他找一份体面的工作。但深受义乌创业创新和经商氛围影响，王瑜在上海工作了一年后，决定回到家乡创业。"梦想还是要有的，万一实现了呢。"正如马云所说的，王瑜带着对美好未来的憧憬，带着颠覆行业的雄心，踏上了创业的漫漫征程。经过几年的辛勤努力，他已在淘宝、天猫等线上平台开了10家店铺，月销量6万余单。

来自陕西西安的"90后"孟竹燕在2010年孤身一人来义乌闯荡时，做梦也想不到自己有一天会成为浙江省人大代表。她从"双童吸管"一个文宣岗位开始，历经销售员、工会副主席、总经理助理岗位，一步一个脚印，从一个"陕西打工妹"成长为2018年新一届浙江省人大代表。作为金华地区的农民工代表，她还参加了浙江省第十三届人民代表大会。用她的话说，只要有梦想，在义乌没有什么不可能。

义乌是一座共同创业、分享合作的合作之城。创业学院、创业沙龙、论坛活动等在这里活动频繁，黑马会、创业联盟等各种平台组织让年轻人在这里创业不再孤单。2018年，义乌出台《义乌市创业导师管理办法（试行）》，选聘创业导师64名，为年轻人走进创业平台、高校开展创业指导服务。

2011年，义乌成立了"创投联盟"。创投联盟全称为"义乌市留学生联合会创业投资联盟"，是由新光集团、浪莎袜业等20多家义乌知名民营企业企二代经营者联合发起创立的，并从企二代父辈那里募集了上亿元基金。这种抱团合作的投资模式对传统商业起家的第一代创业者而言，是一次大胆的跨越和突破。2012年底，义乌市新生代企业家联谊会成立，义乌知名企业家的子女纷纷加入，被视为义乌"创二代"的一次集体宣誓。义乌"创二代"或接班，或二次创业，成为义乌年轻人创业创新热潮的一道特殊的风景线。

2014年，黑马会义乌分会成立，其是义乌首个创业项目与资本对接的平台，也是具有高活跃度的大型企业创始人服务组织。这个聚集众多年轻企业创始人、注重创业分享的平台带来了新的创业玩法：邀请有资本、有经验的企业主、投资人、当前商界明星企业家为导师，成立顾问团，给义乌的创业者传授"干货"，进行案例分析、头脑风暴，对接资源和资本。黑马会义乌分会目前有创业者会员 200 余人，至今已举办创业项目路演等交流活动百余次。盛大资本、华瓯投资、浙大科发、联创资本、浙江赛伯乐等越来越多的投资机构、平台入驻义乌，共同推动义乌新一轮的互联网创业浪潮。

义乌是一座充满梦想、不断创业的未来之城。善于抓住时代机遇，勇于改革创新突破的义乌积极融入"一带一路"，主动圆梦。"一带一路"蕴含着丰富的创业机遇，是青年人实现梦想的重要契机。数十万青年的创业梦想与实践汇聚成转型发展的强大动力，正在创造崭新的未来。

五、从众创之城到未来之城

纵观义乌发展历程，很长一段时间义乌市场是以量价模式赢得市场。如今的义乌拥有国内城市少有的发达的商贸网络、物流网络及雄厚的资金实力，创新实体以数倍、数十倍于其他城市的速度扩大影响力。

义乌的创新产业将汇聚高校、设计师、投资人、制造商、商业推广、销售商、商业买家等各方资源，通过生产和销售高品质、高附加值产品，增加现有产品附加值、加速产业转型，并依托各种展览会、产品推介会、创新论坛等载体，成为创新产品聚集地、创新人才聚集地、创新创业的孵化地，极大地支撑了跨境电商出口、进口等行业。义乌鼓励企业投资孵化，运用"互联网+"思维迅速推向市场。同时，创新产品博物馆、创新孵化基地、创新论坛、创新产品推介会及各种展览会等助力义乌产业转型、城市品位提升，将义乌打造成现代商贸名城、创新文化名城。

第三章　鸡毛飞上天

"鸡毛换糖"是指在物资匮乏的年代，小商小贩走南闯北、走街串巷，以红糖、草纸等低廉物品换取居民家中的鸡毛等废品，以此获取微利。最早的"鸡毛换糖"形成于浙江省义乌廿三里，这一行为是义乌小商品市场的起源，对义乌社会经济发展起到了巨大的推动作用。

在"鸡毛换糖"发展初期，"鸡毛换糖"常被扣上"弃农经商""投机倒把""资本主义尾巴"的帽子，与当时的全国禁令相抵触。糖担外出、拎篮子叫卖和摆地摊等被相关部门赶得"嘭嘭"飞，情节严重的要抓人、罚款。但是，即使在这么严厉打击投机倒把的时期，"鸡毛换糖"现象仍然盛行。当时廿三里镇外出"鸡毛换糖"的约有五千余人，贸易范围不仅涉及周边县市，还扩展到全国各地。

随着中国市场化改革的逐步深入和商品经济的活跃，义乌在"鸡毛换糖"小百货销售基础上，进入了开拓小商品专业市场和专营小商品新阶段。在 20 世纪 70 年代中后期，廿三里就出现了在马路边摆地摊的第一代小商品市场——"马路市场"，经营摊位多达几百个。但由于政策和经营环境条件的限制，义乌"鸡毛换糖"队伍的壮大举步维艰，直到 1979 年 3 月，杨守春发表《"鸡毛换糖"的拨浪鼓又响了》一文，给义乌商品经济的发展注入了生机，这也是全国第一篇报道义乌"鸡毛换糖"意义的新闻稿，它被后人盛誉为"义乌小商品市场的第一声呐喊"和第一份"为民请命书"。文章充分肯定"鸡毛换糖"是社会主义经济的补充，其利多弊少，推动了义乌经济和社会的发展。这篇文章引起了全国各界的广泛关注，到 1980 年，义乌终于给"鸡毛换糖"颁发了临时许可证，从政策上允许了"鸡毛换糖"。至此，义乌农民"倾巢而出"，纷纷投身于小商品经营中，"鸡毛换糖"的队伍急剧膨胀，很多农村出现了"十室九空"的盛况。"鸡毛换糖"逐渐演变成社会职业和专门群体，大家把专门从事"鸡毛换糖"的群体称为"敲糖帮"。

第一节 义乌"鸡毛换糖"与"敲糖帮"

过去的义乌人多地少，以单一产粮为主，属于贫困地区。为了提高单位面积的粮产，当时的农民在长期实践中形成了用鹅毛、鸡毛等沤肥的习惯，俗称"塞毛"。鸡毛的需求量很大，当地无法满足，农民就想办法到外地去收购。他们用本地特产红糖制成姜糖或熬成派皮糖，用糖换鸡毛。派皮糖先得浇成一大板块，取用时用刀敲开，因此贯叫"敲糖换鸡毛"。从事这种"敲糖"的人被称为"敲糖帮"。

一、"敲糖帮"的兴起

"敲糖帮"在农闲的冬季最为活跃。农闲时期，"敲糖帮"肩挑糖担，手摇拨浪鼓，走街串巷，深入街村去"敲糖换鸡毛"。在农忙时期，作为农民和商人双重身份的"敲糖帮"既要耕种，又趁机将之前收来的鸡毛销售给农户作为农肥。这一活动既解决了生产中肥料缺乏的问题，又满足了农村消费者的需要。这种"敲糖"活动可以追溯到清朝康熙时期，那时就有一批"敲糖帮"到全国各地走街串巷，自制姜糖换取鸡毛，用上乘的鸡毛做掸帚，下脚料沤肥。他们不怕千辛万苦，不畏千难万险，也不厌千言万语，从事这种既脏又苦，还被人瞧不起的商业活动。天长日久，这些人渐渐磨炼出一种吃苦耐劳、不畏风险和自强不息的"敲糖帮"精神，形成一种喜欢出门做生意、擅长长途贩运的经商传统。

"敲糖帮"年复一年，代传一代，传到20世纪70年代。随着政策的逐渐放宽，市场经济到来，原有的模式已经无法满足人民群众生活中必需的小商品，"敲糖帮"就在允许"拾遗补缺"的政策下活跃起来。他们重新挑糖担穿街走巷，送货上门，"敲糖帮"队伍逐渐壮大。

二、"敲糖帮"的分工与经营

"鸡毛换糖"的群体被称为"敲糖帮"。这一群体有严密的分工，他们根据经营活动的方式具体分为"坐坊"和"担头"两类。两者恰如"行商"与"坐商"，既有所分工，又相互补充。"坐坊"组织有"糖坊""站头""行家""老土地"四种。"糖坊"就是把煎好的各类糖品，如糖粒、饼糖、生姜糖等，用货币或其他交易方式（以货换货，货物贷等）给敲糖人，同时收购敲糖人收来的货物；"站头"就是"敲糖帮"解决居住问题的小客栈和经营托运业务；"行家"专事采购各类小百货以供"敲糖帮"经营；"老土地"专收"敲糖帮"换回的货物。"担头"则是挑糖担赶的生意者。"担头"主要分为"老路头""拢担""年伯""糖担"。"老路头"由精于敲糖业务且具有一定领导能力的人担当，他们通常是从"敲糖帮"中公议推举出来的，主要任务是统领整个团队。"老路头"下面是"拢担"，他们是各村糖担的领袖，由村推举，并负责带领本村糖担，其能力略逊于"老路头"。"拢担"下又有"年伯"，其职位是由"拢担"任命的，任务是协助"拢担"的工作。同时，"年伯"还要管理五至七副"担头"。最后是"糖担"，又称"担头"，就是"新手"，即初次出门的敲糖人，如同工匠所收的学徒，由"年伯"带领指导。"担头"外出敲糖之前，由"糖坊"和"行家"通过记账借贷提供糖品、小百货，在敲糖途中以赊销方式及时补充货源或托运货物，待回到义乌后，"老土地"收购鸡毛和骨头等杂物时，结算之前的赊欠账款并支付给他们剩余的货币。

三、义乌第一代创客"敲糖帮"和创客文化

"敲糖帮"多是由农民自发形成的经商组织，"敲糖帮"农闲时外出用糖换鸡毛，农忙时返乡务农，销售鸡毛。"敲糖帮"有四个特点：第一，内部具有清晰的登记结构，"敲糖帮"在长期的行商中形成了稳定的金字塔式的分工体制；第二，群体的领袖是通过当地氏族进行任命的；第三，双重身份，"敲糖帮"亦农亦商，农闲时外出敲糖换鸡毛，农忙时返乡务农，营销鸡毛；第四，在义乌鸡毛换糖的过程中，"敲糖帮"形成了一种毫厘必争、积少成多、勇于开拓的创新精神和百折不挠、善于变通、刻苦务实的实干精神，义乌人也正用这种精神文化激励一代又一代创业者不忘吃苦，勇于创新。

"鸡毛换糖"不仅解决了当时农村数万人的就业问题，换回了外汇，增加了政府的财政收入和农民的收入，还推动了义乌经济翻天覆地的变化。1982年后，市场逐步向义乌集中发展，终成今日闻名遐迩的中国小商品世界，而义乌的"敲糖帮"成了世界超市的"始作俑者"。

第二节　义乌小商品经济起步与货郎担

"敲糖帮"得名于其所卖的饼糖，卖糖人肩挑糖担，交易时用锤子敲打糖刀，将饼糖切成一小块一小块卖，这种糖担称为敲糖担，这一群体也称为"敲糖帮"。敲糖主要有两种经营方式：一是以货币交易；二是以糖换货物。

一、从专业经济组织形态"敲糖帮"到结构灵活的个体"货郎担"

中华人民共和国成立后，我国逐步建立起高度集中的计划经济体制，在多次社会主义改造运动之后，敲糖生意遭到致命的打击。带有封建性质的帮会和带有剥削性质的各路、各级"糖担"组成的行会组织被解散，"敲糖帮"中最具实力的"老土地"在历次运动中成为重点打击的对象。大量带有"糖坊"性质的商店被逐渐编入国营和商业流通渠道。由于计划经济流通渠道割断了"敲糖帮"行商与坐商专业化分工之间的联系，任何一方都孤掌难鸣，出门在外的"糖担"缺少了"坐坊"的支持，寸步难行。据史料记载，中华人民共和国成立初外出鸡毛换糖的季节性商贩人数超过义乌人口的5%，而到了20世纪50年代，"敲糖帮"不存在了，但敲糖生意并未绝迹，1956年国家对私营商业实行社会主义改造时，未登记的流动商贩有500余人。

中华人民共和国成立后，国家实行计划经济，私人产权被视为非正统的"资本主义尾巴"，交易市场被视为"有资本主义性质"。在经济形势的严控之下，"敲糖帮"组织分化解散，坐商和行商专业无从衔接。当时的"糖担"没有"敲糖帮"可以依靠，只能靠个人、家庭成员、亲戚和同村人有限的合作，纯粹的个体商贩角色"货郎担"开始出现。但是，个人从事鸡毛换糖必须同时担当起行商和坐商的分工。

"货郎担"在国有、集体商业渠道的夹缝中谋生，在前辈活动过的大江南北走村串户。但是，此时"货郎担"靠着少量的货币资本仍旧可以得到低水平的服务，在义乌的地下市场、供销社、收购站完成一次次艰难曲折的物物交换和经营活动。党的十一届三中全会后，义乌的敲糖生意又掀起了高潮，上万人手持大队、公社的证明，做起了"鸡毛换糖"的生意。他们客观上需要在义乌有一个类似"坐坊"的大本营，这就是20世纪80年代初义乌的小商品市场屡禁不止的重要原因之一。从事小商品交易的"货郎担"也需要有一个集散地。对小商品交易来说，"坐坊"是一个集体，是市场经商户的集合，与大量从事小商品生意的客商（农民）是平等的市场交易关系，专业化劳动报酬分别作为劳动收入和要素收入在两者之间进行分配。

二、流动的小商品市场——个体的"货郎担"

义乌"敲糖帮"在国家计划经济重压下化整为零，"糖担"只能依靠个体、家庭成员的简单合作，其身份转化为纯粹的个体商贩。在当时的环境下，迫于生活的压力，他们仍然偷偷摸摸外出鸡毛换糖，延续鸡毛换糖精神。改革开放后，政府对个体经济活动尤其是商品交易活动放松了管制，"货郎担"可以携带"鸡毛换糖证明"走村串户开拓农村和小城市的市场，从事上门服务的"零售"，主要是用糖、小商品换取鸡毛等物品，并把相关物品寄存于某一农户中，也无须担心被没收，回到义乌后将鸡毛出售给生产队或社队企业，获得公分和货币收入。一部分"货郎担"更加大胆，直接就在集贸市场上出售小批量的日用商品，收入相当不菲。在 20 世纪 70 年代，大量小百货"货郎担"在临近铁路沿线的城市和乡村活动。这一阶段"货郎担"的身份开始从半农半商的兼职商贩变成职业商贩，他们在走过的乡镇和村落形成了流动的小商品市场，这是义乌小商品市场的雏形。在交换过程中，"货郎担"在一定程度上逐渐开始摆脱物物交换，进行货币交换，可以直接购入小百货，有时直接就在当地的集贸市场出售小百货，在定期集市休市之际，就用小商品在农村交换鸡毛，一样可以获得收益。

1978 年改革开放后，人们的需求越来越多样化，不再局限于用鸡毛换糖，他们需要更多的生活小百货。随着小商品需求量的增大，小商品替代糖成为出售的主要货物，于是有部分"货郎担"就直接到各大城市的商店与地下小百货批发市场，或者到各地厂家直接采购小百货，对于采购的小百货，他们有的用于自己零售，有的批发给义乌本地小百货市场中的商贩，有的甚至根据需求自己进行家庭小作坊式生产。在国家政策的鼓励下，越来越多的"敲糖帮"人开始重操旧业，"货郎担"队伍越来越庞大，流动市场发展迅速，货币开始作为主要的交换媒介，鸡毛逐渐淡出交换物品行列。随着这一经济形态的快速发展，"货郎担"内部出现了新的分工，一部分组织小商品货源，另一部分负责把小商品出售到各地集镇，或通过原有的物物交换销售到偏远农村。后来，简单的生产、销售分工不能满足商品流动及市场发展的需要，"货郎担"和市场应该有一个类似"敲糖帮"组织的更高水平的分工。面对数以万计相互独立的个体"货郎担"和流动性商品市场，相对固定的批发市场成了协调组织商品生产者、批发商、流动摊位、分销商的有效组织。当时，在义乌很多地方出现了这样的市场，其中"鸡毛换糖"的发源地廿三里市场规模最大，其他地方的市场也如雨后春笋，但大多数存在的时间不长。20 世纪 80 年代，县城的小商品市场和廿三里市场同时被政府认可开放，廿三里市场在 20 世纪 80 年代后期成为普通的集贸市场，而县城的小商品市场成为全国最大的小商品市场。

三、"鸡毛换糖"精神的发展：从"敲糖帮"精神到"货郎担"精神

从"敲糖帮"到"货郎担"，这些发展皆是义乌"鸡毛换糖"精神的发展与传承，在义乌"鸡毛换糖"精神的形成过程中，"敲糖帮"和"货郎担"精神已经

成为义乌"鸡毛换糖"精神的内核。义乌商人正是在这种精神和文化的指引下，抓住历史发展机遇，开创了农民办市场的先河，成为时代的弄潮儿。

"敲糖帮"精神和"货郎担"精神同是义乌"鸡毛换糖"精神的核心内涵，"货郎担"精神是"敲糖帮"精神的发展与传承，但它在原有精神内核发展的基础上，发展完善，推陈出新，形成了义乌艰苦奋斗、以小博大、聚沙成塔、信义为本、务实创新、团结进取、开放包容、善学精思的"鸡毛换糖"商业文化。

（一）"敲糖帮"精神

1. 艰苦奋斗

初期敲糖人迫于生活的压力，挑着糖担走街串巷，长途跋涉、翻山越岭、风餐露宿，所到之处都是偏僻的山村。在"鸡毛换糖"的过程中，他们靠着这种吃苦耐劳的创业精神，不断累积资本，成为义乌一代创业人。

2. 以小博大

义乌"鸡毛换糖"历史最早可以追溯到明朝，"敲糖帮"通过记账借贷从坐坊采购糖粒后手摇拨浪鼓，走街串巷，以糖粒换取鸡毛等，待他们回到义乌后，坐坊收购他们手中的鸡毛和骨头等杂物，结算之前赊欠货款并支付微薄的剩余货币。义乌"敲糖帮"靠做只赚微利的生意起家，被称为"蚂蚁商人"，他们在"鸡毛换糖"的过程中形成了"以利小而有为，以小博大，以小创大，以小创强，以小创精"的理念。

3. 信义为本

信义文化在义乌具有悠久的历史和深厚的文化基础。早在北宋末年，义乌、金华地区就出现了国内最早的、可以到官府兑取现钱的纸币"交子"，这折射出义乌商人之间以及商人与官府之间的一种相互信任。创业中的信义是成功的关键因素。"尚节义，重信用"是义乌一直以来推崇的文化，信与义在义乌地方文化中扮演着至关重要的角色，是义乌人修身立业的行为基础和道德准则，也是构成义乌商业伦理和社会道德观念的基本点。这为后续义乌打造信义商城，弘扬信义文化奠定了文化精神底蕴。

4. 团队精神

"敲糖帮"是义乌从事"鸡毛换糖"的劳动者的群商组织，在这个团队中有严密的分工和协作精神、服务精神，进而保证了组织的高效运转和快速发展。"敲糖帮"为坐坊和担头在组织中的位置进行了排列，每个人的地位有所不同，老路头、拢担、年伯、担头的主要任务是执行物物交换，充当中介功能。"敲糖帮"专业化分工提高了交换的效率，即用尽量少的饼糖和小百货交换更多的鸡毛等杂物。"敲糖帮"营造了团队的团结协作精神和互补精神，即在目标一致的前提下团结合作，同心协力，取长补短，群策群力，避免恶性竞争，消除同门相害和互相拆台。正是"敲糖帮"的团队精神促进了团队的蓬勃发展，奠定了义乌商人优良的商业品质。

（二）"货郎担"精神

由于社会环境和国家制度的限制，以群体性为特征的"敲糖帮"组织解体了，以担头为主的个体"货郎担"逐渐成长起来。他们不仅继承了"敲糖帮"精神实质，还创新发展，形成了勇于担当、创新、开放包容、勇抓时机的"货郎担"精神。

1. 勇于担当

国家计划经济时期，义乌"敲糖帮"换糖被视为走资本主义道路，组织迫于压力被解散。虽然没有了组织的依靠，但"敲糖帮"担头（此时被称为"货郎担"）并没有中断经营活动，他们化整为零，以个体为单位，灵活机动，偷偷地进行"鸡毛换糖"。政策逐渐放宽后，"货郎担"更是以义乌市场发展为己任，勇担当，拓渠道，建市场，谋发展，把当时义乌的流动"货郎担"市场发展成了小商品市场。

2. 创新

义乌商人白手起家，没有过多的思想约束，从小培养起来的善于捕捉商机和创造商机的意识使他们胸有成竹、敢于冒险。在计划经济体制严控下，"货郎担"将"敲糖帮"化整为零，灵活机动地保存生存势力和有生力量。改革开放初期，"货郎担"凭借自己高人一筹的眼界和灵敏的信息，将小商品生意做到全国乃至世界各地。他们一方面积攒本钱，另一方面搜集各种信息。一旦时机成熟，他们就把所收集到的信息连同在生意场上积累的技术、资金、经验和项目带回家乡创业。近年来，许多义乌人开始走出国门调研考察，在国际市场寻找商机，甚至在国外兴办市场、商店、公司。正是因为义乌人敢为人先、务实创新，才将"小商品"做成了"大世界"。

3. 开放包容

义乌商人在全国各地经商，接触了各地的文化和商贸习惯，形成了开放包容的品质精神。"货郎担"有以"和"为贵的博大胸怀，不排外，广泛接纳全国乃至世界各地的商客。"货郎担"海纳百川、兼容并蓄的气度，诚信、开放、包容的精神吸引了国内外客商纷至沓来。正是有义乌这样的"货郎担"精神作为支撑，义乌市场才不断繁荣发展，成为今天全球最大的小商品市场，并不断为打造世界小商品之都提供动力。

纵观义乌的"鸡毛换糖"发展历程，"敲糖帮"精神和"货郎担"精神都是义乌"鸡毛换糖"精神的时代体现和发展创新。在义乌市场飞速发展的今天，义乌商人"鸡毛换糖再出发"，谱写了义乌发展新奇迹。

第三节　义乌小商品市场与商品经营户

一、义乌小商品市场发展状况分析

义乌地处浙江中部，是一个县级市，隶属于金华。经过改革开放几十年的艰苦创业，义乌经济社会发生了巨大的变化。义乌辖区总面积1 105平方千米，人口170余万，其中本地户籍人口68万，外来人口100多万，包括来自100多个国家和地区的1.3万多名常驻义乌的外商。从1982年到2008年，义乌的生产总值、财政收入、金融机构存款余额的年均增幅分别达24.4%、24.5%、35.6%。2005年，义乌实现人均GDP 5 400美元，财政收入35亿元，城镇居民人均可支配收入1.9万元，农村居民人均可支配收入7 735元。义乌商人创造的"无中生有、莫名其妙、无奇不有、点石成金"的发展奇迹和"义乌现象"引起了全国乃至全世界的关注。

如今的义乌市场已经形成以义乌国际商贸城为核心，10多个专业市场、30多条专业街相支撑，运输、产权、劳动力等要素市场相配套的市场体系。市场拥有34个行业、1 502个大类、32万种商品，几乎囊括了工艺品、饰品、小五金、雨具、电子电器、玩具、化妆品、文体、袜业、副食品、钟表、线带、针棉、纺织品、领带、服装等所有日用工业品。其中，饰品、袜子、玩具产销量占全国市场1/3。这些商品物美价廉，应有尽有，特色鲜明，在国际上具有极强的竞争力。

义乌中国小商品城于1982年9月5日成立，经过六易其址、九次扩建，现已形成篁园市场、针织市场、宾王市场和福田市场（国际商贸城）四大市场，经营面积总计 260 万平方米，经营商位 6 万多户，经营者近 10 万，展销商品达到 41 个行业、1 900 个大类、40 万种商品。义乌小商品城被联合国、世界银行、摩根士丹利等权威机构誉为"世界上最大的专业批发市场"（2005 年）。根据联合国提供的信息，目前全球的商品种类共 50 多万种，而在义乌市场可以买到 40 多万种商品。许多中外客商把义乌市场称为"小商品海洋""购物者天堂"和"商业联合国"。义乌小商品市场已经从一个集贸性市场发展成全球性的市场网络，并成为区域经济发展的增长极。义乌小商品市场的发展带动了当地制造业的快速发展，尤其是在 20 世纪 90 年代中期以后，在义乌市政府"以商促工"战略的引导下，广大市场经商户引商转工，投资办工厂，使义乌的制造业得到迅猛发展。2002 年之后，义乌又实施了"贸工联动"战略，进一步促进市场和工业联动发展，逐步形成了"小商品、大产业、小企业、大集群"的工业发展格局。现在，义乌市场的商品本地生产的已经占到了 30%，有 20 多个行业的商品义乌的年产量在国内外处于前列。可见，小商品市场的发展是推动义乌经济发展的主要动力。

目前，义乌市场有 30 万经营者，其中 70% 来自外地，这 70% 中有 30 来自浙江境内，30% 来自浙江之外的其他省市，还有 10% 来自国外。由此可以看出，义乌市场经营户中外来人员所占比例高于义乌本地。义乌市工商局登记的工业企业有 2.5 万家，包括 50 人左右的家庭企业在内，义乌已有 5 万多家工厂，其中个体经营户或私企占到了 98% 以上。截至 2016 年，全市在册经济主体达 32.63 万户，居全国县级行政区域首位，比 2015 年增长 26%。近几年，义乌中国小商品城成交额年增幅持续保持在 10% 以上，稳坐全国乃至全球小商品市场头把交椅。2016 年，商城集团引进新经营主体 1 672 户，经营户达 70 089 个，比 2015 年增长了 0.46%；商位出租率达 96.31%，比 2015 年提高了 2.37 个百分点。

二、小商品市场经营模式

从生产环节来说，小商品一般属于劳动密集型生产，资金可大可小，设备能新能旧，有些产品还停留在手工劳作阶段，这就比较适合家庭加工和乡镇企业生产。不少小商品市场的经验户的经营模式为"前店后厂、线上线下结合"，大部分的经验户是产销经营户，经营户又对小商品加工感兴趣，这就很自然地与小商品经营户结下了不解之缘。

（一）"前店后厂"经营模式

义乌市场具有极具特色的"前店后厂"经营模式。家庭作坊和市场上为数不多的个体经营户达成合作意向，由义乌本地和周边分散的小规模家庭作坊源源不断地为市场里的经营户提供价格低廉的成品，由此促进了义乌市场的迅速发展和扩张。同时，市场的扩张给小规模家庭工业带来了最原始的资本积累，使其不断扩大生产，直至其发展为颇具生产规模的家庭工厂时，这些小规模的散户便成了义乌市场上可以独当一面的批发经营户。这些经营户在市场上接到订单后，便通过家庭工厂进行生产，这样不但保证了货源，而且减少了中间成本，掌握了自主定价权。

（二）线上线下结合

近年来，义乌积极培育商贸新业态，抢抓"互联网+"机遇，线上线下协同发力，实现了小商品市场交易额稳步增长。义乌市场7万多个经营户的实体店铺已经入驻"义乌购"。2016年，通过义乌购在线交易的商品突破60亿元，线下撮合交易为400多亿元。线上线下协同发力，让义乌小商品市场销售额实现了稳步增长。据统计，2016年义乌小商品市场实现交易额3 731.2亿元，同比增长7.8%。其中，电子商务交易总额1 770亿元，同比增长超过17%。

（三）展销模式

义乌是会展城市。义乌小商品市场的经营户利用义乌会展和服务平台，全面展示新产品、新科技，引领转型升级潮流，大力培育新兴业态，成为产业转型升级的"助推器"。依托发达的市场体系，义乌会展从无到有，从小到大，从弱到强，从综合展逐渐向专业展裂变。

三、义乌小商品市场特色与市场经营户素质特点

小商品经营户延续并弘扬了义乌"鸡毛换糖"精神，将"鸡毛换糖"精神的独特素质和特点凝聚于小商品市场和小商品上，铸成市场之魂、商品之魄。义乌小商品市场凸显出了别具一格的"鸡毛换糖"商品文化的特色。义乌小商品市场有"小、廉、全、新、快"五大特色。"小"即商品小，"廉"即价格低廉，"全"即品种齐全，"新"即商品花色、品种新颖，"快"即信息快。这五大特色都与义乌小商品市场经营户以小博大、开放创新、灵活变动的特点相联系，尤其是"小"与"廉"的特点。市场以小百货为主，许多产业是依靠"鸡毛换糖"和小百货经营发展起来的。至今，小百货还是义乌市场的拳头商品，有"义乌百货甲天下"之称，有小五金类、纽扣拉链类、文体用品类、玩具类、头花头扣类、日用品类和小电器类等，共计13类3 000余种。虽然这类小商品在各地市场都有，但义乌

小商品市场关键就在"小、廉、优"。而"小、廉、优"的特色正是义乌商人在长期经商活动中创造出来的，从"敲糖帮"的小糖粒到"货郎担"的小百货，从一代马路市场上的小头花到四代室内商场的电子器件，都是立足于"小、廉、优"起家的。

四、小商品市场演进中经营户经济地位的变化与趋势

义乌市场业态的提升是一个长期的过程，从1982年到1990年，义乌市场从集贸市场发展成全国小商品流通的中心，到2000年又进一步向国际小商品流通中心的方向发展。近年来，义乌通过大力发展电子商务，开通了"中国小商品数字城"，网上展示、在线洽谈初露端倪，连锁配送、邮购配送、国际货代业务得到新发展，交易手段、经营方式日趋现代化。总体而言，义乌市场的组织形态已从农村传统意义上的集贸市场发展成现代化、商场化、国际化的新型专业市场；市场交易方式由传统的现金、现货交易为主向洽谈订单、电子商务、物流配送等现代交易方式转变；市场功能也由单一的商品交易向交易展示、信息汇集、价格形成、产品创新等方向拓展。尤其是近年来，信息技术带来的商务电子化和市场外向化程度加深带来的迅速国际化成为义乌市场面貌的两个主要特征。这些在客观上构成了对市场经营者群体的巨大挑战。除了应对扩大了的市场规模和更加复杂的交易环境带来的挑战之外，经营户必须在包括外语能力、沟通技巧、信息化知识与技术等内容在内的自身素质与技能上有较大的提升。

第四节　义乌电子商务发展与电商创客

蓬勃发展的市场、四通八达的物流培育了义乌优越的电商资源和肥沃的电商土壤，其成为全国唯一获批创建国家电子商务示范城市、开展县域电子商务大数据应用统计试点的县级市。

一、崛起的世界电商之都

义乌电商依托实体市场，以其独特、快捷的商业模式给义乌经济发展带来了巨大的机遇和变革。有关数据显示，全国交易超过50万笔的淘宝"金冠"店铺近十分之一在义乌市；2012年，义乌淘宝销售额排名居全国县级市第一；全球四大快递巨头都在义乌开展业务。在新一轮的电子商务迅猛发展的大潮中，"全球最大的小商品集散中心"正在崛起，义乌正在成为全球瞩目的世界电商之都。

（一）义乌电子商务发展历程

从 1998 年初起，义乌的电商就已开始萌芽，"鸡毛换糖再出发"的义乌人秉承敢闯敢干、勇于创新的优良传统，再次走在了时代前列。被称为"中国淘宝第一村"的青岩刘村最早针对淘宝电商推出"混批"模式并加入数据包服务的"俏货天下"……这些都诞生自义乌。

（二）义乌电子商务发展状况

2012 年至 2014 年，义乌市电子商务贸易额分别实现 520 亿、856 亿、1 153 亿元。2015 年实现 1 511 亿元，同比增长 31%。

2016 年上半年义乌市电子商务实现交易额 720 亿元，同比增长 17%。其中，内贸零售交易额 321 亿元，同比增长 19%；内贸 B2B 交易额 101 亿元，同比增长 14%；外贸零售交易额 99 亿元，同比增长 13%；外贸 B2B 交易额 199 亿元，同比增长 15%。国内快递日均出货 210 万票，同比增长 54%；跨境快递日均出货 60 万票，同比增长 33%。

2017 年，义乌全市实现电商交易额 2 220.03 亿元，同比增长 25.30%。其中，内贸电商 1 472.46 亿元，同比增长 31.25%；跨境电商 747.57 亿元，同比增长 15.03%。内贸网络零售交易额 1 277.13 亿元，同比增长 30.25%；跨境网络零售交易额 221.27 亿元，同比增长 38.24%。义乌全年快递出票超 19.08 亿件，同比增长 71.79%。其中，国内快递 18 亿件，同比增长 71.11%；跨境快递 1.07 亿件，同比增长 83.98%。全市在知名平台的电商账户达 27.8 万户，其中内贸网商账户数超 15 万户，外贸网商账户数超 12 万。阿里研究院统计数据显示，义乌内贸网商密度位居全国第一，外贸网商密度位居全国第二。

据电子商务大数据平台监测，义乌拥有淘宝卖家 10.5 万家、天猫店铺 4 000 家、京东店铺 3 300 余家、诚信通会员（内贸 B2B）4.2 万家。据线下调研统计，亚马逊在义乌注册卖家近万家，义乌注册 Wish 卖家近 1.2 万家、eBay 卖家约 3.5 万家。截至目前，义乌拥有全国最多的淘宝村和淘宝园区，淘宝村有 113 个，淘宝镇有 9 个，占全省 11.5%；淘宝园区有 30 个，建筑面积超 200 万平方米，其中 4A 电商产业园两家，A 级以上 17 家。义乌国际商贸城的商户仅 7 万家左右，电商成为义乌名副其实的最大商人群体。

二、义乌电子商务发展特点

（一）义乌电子商务发展环境优越

义乌作为"一带一路"上重要的节点城市，电子商务发展环境十分优越，特别是跨境电商的发展。2015 年，义乌设立国际邮件互换局，在全国首次实现同一条流水线上对不同监管模式的整合，开辟浙中国际邮件进出口新通道；探索建设跨境物流专业集聚区，打造高桥村为跨境电子商务物流村，进而吸引跨境卖家集聚义乌。义乌现有海外仓 17 家，面积达 5 万平方米，其中 8 家获批开展省级公共海外仓建设试点；幸福里、新纪元、网商创业园等 3 家园区获批开展省级跨境电商园区建设试点。2016 年，义乌前后获批建设浙江省跨境电子商务创新示范区、浙江省小商品产业集群跨境电子商务发展试点。

（二）义乌电子商务营销渠道多元化

义乌电子商务营销除了常规的渠道以外，还拥有全国最多的网店村和园区。现有网店村 40 个，淘宝镇 3 个。已建成投用的园区有 25 个，建筑面积达 112.8 万平方米，并成立全国首个以园区为主体的电子商务产业园联盟。同时，义乌还有以线上线下融合发展为特色的网商服务区、以电商人才和创客培育为特色的网商创业园、以跨境电商生态圈打造为特色的幸福里园区、以电商产业链孵化为特色的新纪元园区、以微商生态圈孵化为特色的微谷智创园等 5 类特色园区和为饰品配件 O2O 网络平台做线下支撑的新光四期聚势未来产业基地、以打造健康医疗产业移动端业务拓展为特色的壹谷健康产业园等 2 个创新园区。

（三）义乌电子商务产业链体系及配套完善

目前，义乌电子商务的摄影、代运营、创意、推广、第三方仓储等电商服务业已形成规模。义乌有规模快递企业 134 家，网拍店铺 200 余家，网络摄影师近千人，面积 500 平方米以上的摄影机构近 10 家。各金融机构纷纷推出"电商通"等电商金融产品。浙江省首家电子商务秘书企业在义乌注册，现已增加至 14 家，共托管 2 533 户电商主体。时尚产业与电子商务深度融合发展，义乌工商职业技术学院开设国内首个电商模特专业；举办首届中国电商网络模特大赛，培养新一代能展示、能代言、能创业的电商模特标杆；制定全国首个电商模特行业标准并发布全国首份《中国电商模特白皮书》。

（四）义乌积极鼓励各类创业创新

义乌市政府出台了一系列鼓励创业创新的政策，鼓励"大众创业、万众创新"。高校毕业生首次在网络平台创业，一次性补助 1.5 万元；招用高校毕业生 50 人，一次性补助 20 万元；自主创业可申请不超过 30 万元的小额担保贷款，并享受全额贴息补助；省级和国家级大学生创业园、孵化园，分别奖励 30 万元和 50 万元……政府预计每年投入扶持配套 5 000 多万元。

三、义乌电商创客

随着"互联网＋"的迅速发展，电子商务、快递业务和物流等行业纷纷崛起，"大众创业、万众创新"促使众多"创客"脱颖而出。"互联网＋"、大数据及 3D 打印等新技术的应用和推广使创业成为社会大众活动。创业的主体由小众精英转为普罗大众，许多"草根"创客在逐步向"大众创业、万众创新"的目标迈进。义乌创客作为新生力量，已经成为义乌经济发展的新引擎，推动着义乌经济不断向前发展。

（一）创客的概念

"创客"一词来源于英文单词"Maker"，是指出于兴趣与爱好，不以赢利为目标，乐于分享技术、交流思想，努力把各种创意转变为现实的人。创客以用户创新为核心理念，是面向知识社会的创新 2.0 模式（Innovation 2.0）在设计与制造领域的典型体现。技术的进步、社会的发展推动了科技创新模式的嬗变。传统的以技术发展为导向、科研人员为主体、实验室为载体的科技创新活动正转向以用户为中心，以社会实践为舞台，以共同创新、开放创新为特点的用户参与的创新 2.0 模式。FabLab（Fabrication Laboratory，微观装配实验室）及其触发的以创客为代表的创新 2.0 模式基于从个人通信到个人计算，再到个人制造的社会技术发展脉络，试图构建以用户为中心，面向应用的融合从创意、设计到制造的用户创新环境。

（二）义乌电子商务创客的特点

为深入了解当前义乌电商创客群状况，课题组在义乌全市 13 个镇街共计发放 1 200 份问卷，有效回收问卷 1 121 份，有效率为 93.4%。通过调查问卷统计和分析发现，当前义乌电子商务创客主要有以下几个鲜明特征。

第一，平均年龄较低，电商创客以年轻人为主。从问卷调查情况看，19~35

周岁是创业群体最集中的年龄段，占比高达 70.14%；35 周岁以上的创业者仅占总样本数的 28.86%。调研发现，义乌青年创客将电子商务创业作为职业首选的主要原因有以下几点，一是喜欢自由自主支配时间。青年一代喜欢自由，怕束缚，有主张，这些个性决定了其职业选择，而创业恰巧符合青年人对职业模式的选择。二是浓厚的创业氛围的带动。义乌作为全国十大创业城市，社会创业氛围浓厚，有关调查发现，10 个义乌人中就有 1 个人是老板，义乌人成功的创业故事和社会万众创业的氛围激励着一批又一批青年人涌入电商创业大潮。三是青年人信息技术水平和互联网技术水平较高。信息技术快速发展，使青年一代能运营"互联网 + 商务"的模式。

第二，文化程度高，大专及以上学历者占总数一半以上。电子商务创业需要有一定的互联网知识和信息技术作为基础。因此，相对于传统的经商创业活动，高学历人才在电商创业中有广阔的空间。从调查问卷情况看，具有大专及以上学历的创客占样本总数的 62.33%，而初中及以下学历的创客仅占样本总数的 13.58%。

第三，创客数量增长快，具有较强的带动和集聚效应。义乌电子商务兴起及井喷式发展，"大众创业、万众创新"激发了义乌创客的创业热情，并吸引了全国乃至世界各地电商人才来义乌创业。截至 2014 年 9 月底，据义乌电商办统计，义乌经工商部门登记的电子商务经营主体达 21 752 家，同比增长 103.00%，相较 2013 年新增 9 166 家。其中，义乌本地户籍创业者仅占 20.85%，浙江省内其他地区创业者为 53.52%，浙江省外的创业者为 25.63%。

第四，义乌创客创业经验缺乏，初次创业者占 1/3。义乌市场资源丰富，物流便捷，电商创业服务平台多，社会创业氛围浓厚，这些使许多人在尚不具备丰富的社会阅历和工作经验的情况下，就开始了电商创业之路。从创业时间看，从事电子商务 5 年以上的创客仅占总数的 32%，从事电子商务的时间不到 2 年的创客者占 42.14%；从创业次数看，拥有 1 次以上创业经历的多次创客占样本总数的 23.3%，有过 1 次创业经历的创业者占样本总数的 43.6%，另有 33.1% 的电商创业者属于首次创业。

四、义乌电子商务创客发展模式

随着义乌电子商务经营体制的完善，电商创客队伍不断壮大，这些推进了义乌经济增长方式转变和结构调整。虽然目前义乌创客的发展还处于初级阶段，但是创客发展模式多样，创客们结合不同的要素，通过要素间不同的配置形成了不同的组合模式。义乌创客模式主要分为以下三类。

其一，传承"货郎担"精神的个体创客模式。这种模式传承了"货郎担"以个体为主的创业精神，个体创客将自己的创业意识、创新意识、创意意识通过创客经营活动转化为现实。

其二，延续"敲糖帮"精神的群体创客空间模式。这种模式延续了"敲糖帮"的群体创业精神，特点为以创客空间为载体的创业团队队员可以在空间内实现交流沟通、分享创意、合作、实践、创造和集体项目的推进。

其三，网络创客平台模式。这种模式中的创客利用互联网信息共享和互联互通的优势，发掘内部潜力，利用外部资源，跨界扩展到全行业、全产业链，打造线上线下互通融合的模式。该模式通过线上实现信息共享，线下运营实现需求对接，通过产品开发步骤的设计、研发、生产等流程实现产品的产出。

第五节　"一带一路"倡议与义乌国际创客

2013年，习近平从战略的高度，直面经济社会发展中存在的突出矛盾和问题，及时准确地提出了"一带一路"倡议，引起了国内和相关国家、地区乃至全世界的高度关注和强烈共鸣。"一带一路"是对外开放区域结构转型的需要。众所周知，我国前期的对外开放重点在东南沿海，广东、福建、江苏、浙江、上海等省市成了"领头羊"和最先的受益者，而广大的中西部地区始终扮演着"追随者"的角色，这在一定程度上造成了东部、中部、西部的区域失衡。"一带一路"尤其是"一带"起始于西部，也主要经过西部通向西亚和欧洲，这必将使我国对外开放的地理格局发生重大调整，由中西部地区作为新的牵动者承担着开发与振兴占国土面积三分之二广大区域的重任，与东部地区一起承担着中国"走出去"的重任。同时，东部地区正在通过连片式的"自由贸易区"建设，进一步提升对外开放的水平，这依然是我国全面对外开放的重要引擎。

一、义乌全面落实"一带一路"倡议的必要性

义乌全面落实"一带一路"是顺应要素流动转型和国际产业转移的需要。义乌许多企业和创业项目需要大规模有效投资和技术改造升级，义乌具备了要素输出的能力。据统计，2018年末，义乌对外投资已经突破了千亿美元。义乌通过政策沟通、道路联通、贸易畅通、货币流通、民心相通这"五通"，将生产要素尤其是优质的过剩产能输送出去，让沿"带"沿"路"的发展中国家和地区共享中国发展的成果，帮助沿线国家和地区进行道路、桥梁、港口等基础设施建设，帮

助"一带一路"沿线国家发展基础产业，如纺织服装、家电、汽车制造、钢铁、电力等，提高其经济发展水平和生产能力，这些都顺应了义乌产业技术升级的需要。全面落实"一带一路"倡议还顺应了义乌国际经贸合作与经贸机制转型的需要。目前，我国在建自贸区涉及 32 个国家和地区。在建的自由贸易区大部分处于"一带一路"沿线上。因此，中国的自由贸易区战略必将随着"一带一路"倡议的实施得到落实和发展。

"一带一路"倡议的实施、中欧班列（义乌）八条线路的开通，已经为义乌中小微企业招来不少新客源。据悉，从 2016 年开始，俄罗斯等国的订单就开始增多，2017 年开市后尤为明显，这些来自俄罗斯、乌克兰等"一带一路"沿线国家的订单，涨幅基本在一成以上。最新数据显示，2017 年 1—3 月，义乌对"一带一路"沿线国家出口 247.17 亿元，占全市出口比重 51.42%，而且出口前 10 国家中 8 个为"一带一路"沿线国家。同时，义乌对"义新欧"沿线国家的出口额快速增长，为 62.59 亿元，同比增长 42.75%。

二、义乌"一带一路"国际经济贸易发展

（一）义乌"一带一路"进口贸易高速发展

义乌进口贸易快速发展，2017 年 1—3 月，义乌市进口额达到 8.13 亿元，增长幅度为 84.31%，几乎达到了翻倍的程度。目前，中欧班列（义乌）进口的发展势头比出口更强劲，义乌进口商的"洋货"生意随着中欧班列（义乌）的运行"提速"，沿线国家越来越多的优质商品纷纷被带回义乌，实现"买全球"的战略布局。国际商贸城五区进口商品馆是国内最大的进口日用消费品采购基地，占地 10 万平方米，拥有 7.7 万种商品，来自 100 多个国家，其中"一带一路"沿线国家商品占一半。国际班列的开通大大增加了进口馆内的商品种类，商品种类从原先 5.5 万种迅速增加到 7.7 万种，并且还在不断增加。中欧班列带回了欧洲红酒、橄榄油的同时带回了日用品及母婴用品，这些产品的价格也普遍下降。借力于中欧班列（义乌）国际货运通道，义乌企业完成了从出口到进口的转型，也拓宽了中小微企业走向世界的通道。

（二）"一带一路"商品亮相义乌进口展

2017 年 5 月在义乌举办了 2017 中国义乌进口商品博览会，在"一带一路"沿线 64 个国家中，俄罗斯、哈萨克斯坦、格鲁吉亚、马来西亚、印度、土耳其等 42 个国家和地区的企业积极来义乌参展推介。近年来，义乌发展进口贸易，把它

当作推动整个市场转型升级的三大战略之一，为实现进出口的互动，进一步打造义乌新的核心竞争力，让其营商成本更低，经商效率更高，从而集聚更多的商人、企业、商品。

（三）义新欧成为"一带一路"重要成果

义乌是"一带一路"上重要的节点城市，义乌的"义新欧"也已经成了"一带一路"的新支点。从 2014 年 11 月 18 日首趟"义新欧"中欧班列（义乌—马德里）开通至今，"义新欧"已先后开通至中亚、马德里（西班牙）、德黑兰（伊朗）、马扎里沙里夫（阿富汗）、车里雅宾斯克（俄罗斯）、里加（拉脱维亚）、明斯克（白俄罗斯）、伦敦（英国）8 个方向的国际货运班列，义乌成为开通国际铁路集装箱运输线路最多的城市。截至 2017 年 4 月底，"义新欧"已往返运行 177 次，输送 13 953 个标箱。其中，去程班列 143 次，输送 12 406 个标箱；回程班列 34 次，输送 1547 个标箱。

（四）"一带一路"上的海外投资

"一带一路"沿线国家已经成了义乌市企业投资的热点和重点地区。2016 年，"义新欧"班列往返运行 101 次，运送 8 178 个标箱，同比增长 283.6%。2017 年 1—4 月，班列往返运行 35 次，运送 3 083 个标箱，同比增长 113.8%。目前，义乌—马德里班列已实现去程每周 2 列，回程每周 1 列。

两年来，义乌先后有 8 家经核准的企业分别赴泰国、南非、安哥拉、埃塞俄比亚等"一带一路"沿线近 10 个国家开展投资，投资项目 10 个，投资合同总额 5 490 万美元，投资领域涉及服装生产、农业加工、物流、海外仓等。而义乌本地企业走出去主要还是围绕着小商品进行。

2016 年，义乌市工业园区与 IDG 资本分别募集基金 24 亿元和 64 亿元，并购了美国美新半导体项目和德国欧司朗照明项目，短短一年时间就完成了 LED 全产业链布局。

义乌的海外并购实际上是并购了海外小商品的产能，通过并购获得海外高端小商品的研发、设计、生产和加工技术等，从而提升了义乌本土的产业水平。

三、义乌全面实施"一带一路"倡议

义乌位于浙江省地理位置中心，拥有连接东西、辐射南北的区位优势，是"一带一路"重要的支点城市。义乌长期以来与"一带一路"沿线国家贸易往来十分密切，被国际媒体称为"新丝绸之路的起点"。在国家提出"一带一路"倡议后，义乌充分发挥市场和改革优势，着重建设"三大通道"，推进"五大融合"，着力打造"一带一路"重要战略支点城市，争当"一带一路"尖兵。

（一）打通"三大通道"，即"义新欧"开放大通道、跨境电子商务网络大通道、"义甬舟"开放大通道

1. 建设"义新欧"开放大通道

2013年4月，义乌开通了国际集装箱铁路运输线路，2014年1月开通了首趟义乌—中亚五国国际铁路集装箱班列。2014年11月，首趟"义新欧"中欧班列从义乌始发，由新疆出境，途经哈萨克斯坦、俄罗斯、白俄罗斯、波兰、德国、法国，终点为西班牙马德里站。

"义乌—伦敦"中欧班列从义乌发出，全程12 451千米，是继开通义乌至中亚五国、西班牙、俄罗斯、白俄罗斯、伊朗、阿富汗、拉脱维亚后的第8条铁路国际联运线路。火车穿越英吉利海峡，历时18天到达终点站伦敦巴金车站。英国广播公司（BBC）、《卫报》、美国有线电视新闻网（CNN）以及《欧洲时报》等各国主流媒体第一时间争相报道，认为这条现代版的丝绸之路将会引领东西方贸易关系进入一个新时代。"义新欧"班列成为全国开行线路最多、运行距离最长、满载率最高的班列。

2. 建设跨境电子商务网络大通道，打造网上丝绸之路

义乌顺应"互联网+"趋势，发挥义乌市场极其丰富的网货资源优势，加速推进线上线下融合发展，把义乌打造成全球网货营销中心、全国网商集聚中心和跨境电子商务高地。

商城集团运营的"义乌购"平台联结着7万个商铺，21万家供应商，170万种商品。义乌在eBay、阿里巴巴、亚马逊、敦煌网等各类电子商务平台上的注册账户超25.5万个，其中跨境账户超11万个，拥有28个电商园区。2016年，义乌实现电子商务交易额1 770亿元，其中跨境电子商务交易额达650亿元。义乌内贸网商密度居全国第一，外贸网商密度仅次于深圳，居全国第二。义乌快递业务量达10.3亿件，占全省20%，占全国3.3%。义乌是全国物流节点城市，海关特殊监管功能门类齐全，有保税物流中心区、国际邮件互换局和交换站等配套硬件。线上线下功能汇聚的义乌已经成为跨境电子商务创新发展示范区。

3. 规划建设"义甬舟"开放大通道，对接"21世纪海上丝绸之路"

浙江省委、省政府在"十三五"规划中提出积极建设"义甬舟"开放大通道，将义乌的商品贸易优势与宁波、舟山的港口物流优势结合起来，使义乌、宁波、舟山三地的经济贸易、物流交通联系更加紧密，加快建设浙江的海上丝绸之路。目前，义乌至宁波铁路已开工建设，通过"义甬舟"开放大通道，义乌对外将面向广袤的太平洋，实现与东北亚经济圈和东盟国家的互利合作，对内将连接"长江经济带"。

（二）促进"五大相通"，即"政策沟通、设施联通、贸易畅通、资金融通、民心相通"

1. 政策沟通

近年来，义乌以国际性会议（活动）为抓手，积极发挥其在"一带一路"倡议中的作用。2013年，义乌承办中国—东盟自由贸易区联合委员会第三次会议、第十二届中日地方交流促进研讨会；2014年，承办中国—西亚北非"未来发展愿景"对话会、第二届中国—中亚合作论坛，累计有27个国家529名代表参会；2015年，先后举办了第四届中非民间论坛、第十七届中日韩友好城市交流大会、首届中国—北欧青年领军者论坛、首届丝绸之路经济带城市国际论坛四个国际性会议；2016年，成功举办中非智库论坛第五届会议、第二届丝绸之路经济带城市国际论坛、上合组织成员国丝绸之路法律服务国际论坛等活动。目前，义乌每年举办各类国际展览及会议150多个，这些展会成为义乌与世界各国高层次交往的重要平台。

2. 设施联通

设施联通是实现"一带一路"战略的硬件基础。过去20年，依托强大的市场销售网络，义乌已经建立了独具义乌特色的公、铁、空、海、邮、网及"义新欧"中欧班列，"义甬舟"开放大通道物流体系，是联合国亚太经社会认可的我国首批17个国际陆港城市之一、华东地区唯一的国际陆港城市，是全国最大的零售货物配载中心、全国二级物流园区布局城市、华东地区重点打造的10个铁路物流中心之一、浙江省唯一的内陆铁路口岸。

3. 贸易畅通

进入中国巨大的消费市场，是外国参与"一带一路"倡议的强大动力，也是持续推进"一带一路"倡议的重要基础。义乌在谋划和推进"一带一路"项目时，坚持内外联动，统筹考虑进口、出口和内贸市场，努力促进优势互补，共同发展，共同受益。义乌依托小商品贸易网络优势，着眼国外中小企业生产的有品质的日用消费品，积极搭建进口平台，努力打造使全球日用消费品进入中国的桥头堡、全国重要的进口日用消费品集散中心，初步形成了以义乌国际商贸城五区进口商品馆为首，以篁园市场进口韩国服装城、进口副食品市场为辅的进口商品营销平台体系，总面积达 20 万平方米，在全国处于领先地位。

4. 资金融通

落实"一带一路"倡议需要大量的融资支持，义乌初步构建了全国性、区域性、地方性金融协同发展的多元化金融组织体系。目前，全市已有银行业金融机构 25 家，保险机构 42 家，证券分支机构 19 家，投资管理、财务咨询、基金管理及典当、寄售、租赁等在内的新型金融主体达 947 家。随着"一带一路"倡议逐步落实，经贸合作形成大量的货币流转，衍生出更广范围的人民币跨境使用，推动了人民币的国际化。义乌深入实施个人贸易外汇管理试点，2016 年累计为个人办理结汇 77 亿美元，个人跨境人民币累计结算金额 1 722.7 亿元。

5. 民心相通

"一带一路"倡议强调开放性与包容性，中华民族伟大复兴的"中国梦"与持久和平、共同繁荣的"世界梦"在"一带一路"倡议下完美交汇。在政府管理上，在义乌注册一家外资公司只需 3 天，办理一宗出口货物通关手续最快仅需 1 分钟。义乌是全国 3 个具备邀请外国人来华权限的县级市之一，可直接办理 2 年居留许可申请。2016 年，义乌办理邀请外国人来华数超过杭州、宁波等城市，居浙江省首位、全国前列。义乌市专门设立"商城友谊奖"和"商城回归奖"，组建五洲世界商人之家服务中心，设立了国际贸易服务中心，为外国人提供一站式的政务、商务、生活咨询服务。2013 年，义乌开创性地成立了涉外纠纷人民调解委员会，聘任来自世界 19 个国家和地区的诚实守信商人为外籍义务调解员，组建了一支"联合国"涉外纠纷调解队伍。

四、行走在"一带一路"上的义乌国际创客

（一）"一带一路"沿线国家国际"洋创客"集聚义乌

数据显示，每年到义乌采购的境外客商近 50 万人次，有 200 多个国家和地区

的 1.3 万多名境外客商常驻义乌。其中绝大多数外商来自伊朗、伊拉克、俄罗斯等"一带一路"沿线国家，可以说义乌就是"一带一路"沿线国家客商的集聚地。这些来自"一带一路"沿线国家的外国客商在义乌除了贸易往来，对于中外的经贸交流，包括人员、文化等交流还起到中介和桥梁的作用。比如，许多外商想到义乌来采购商品，一般情况下都是通过联系他们在义乌的老乡，而他们的老乡会带外商到义乌市场上进行采购，同时通过他们的货代公司以一条龙服务的形式全部发散到各处。

（二）"引凤归巢"华侨国际创客

有数据显示，侨商已经成为义乌市进出口贸易的最大群体，年采购贸易额约占义乌市场出口额的六成以上。每年有越来越多的华人华侨来到义乌，这里成为一个新型侨乡。据不完全统计，一年平均有近 10 万人次海外侨商与义乌有经贸往来。

现在许多海外华人回国投资创业会首先考虑义乌。这是因为海外华人了解海外的客户、海外的市场，并且拥有其商业渠道，他们需要的就是一个拥有极多货源的市场，而义乌正好可以满足这批想要货源市场的海外华人。

而另外一部分海外华人企业家自带流量，并且拥有优质的产品资源，他们想要对接的就是中国日益增长的消费市场，义乌作为全球进口商品的集散地，正好可以给予这批创业者进入中国市场的途径。

第六节　"买全球、卖全球"与国际创客

中国加入 WTO 后，义乌小商品市场逐渐向国际化方向发展。2002 年，义乌市建设的义乌国际商贸城一期正式营运。这也是义乌的第六代市场，更是顺应国际化趋势兴起的现代化市场。目前，义乌的小商品已辐射全球 219 个国家和地区，出口额占浙江全省的八分之一，跨境电商零售额占全省的二分之一，全国四分之三的外商投资合伙企业在义乌注册。近 40 年，义乌从一个贫困的浙中小城向国际性商贸城迈进，义乌实现了"买全球、卖全球"。义乌拥有 42 万种小商品，年成交额近 400 亿元，打造了一个名副其实的"世界超市"。如今，义乌海关一天出口的标准集装箱突破 1 000 个，每年 40 万个集装箱把 40 多万种商品运往 200 多个国家和地区，8 000 多外商常年扎营义乌。

2013 年，国家"一带一路"倡议实施，义乌作为"一带一路"的重要支点城

市，为了密切与"一带一路"沿线国家经贸合作，依托中国小商品市场独特优势，开通了"义新欧"中欧班列，每年经它出口的货物量占义乌出口总量的58%。借用原有的客流、物流和世界商贸网络优势，如今的义乌正全力建设成为世界"小商品之都"，走出去与引进来并重，让"买全球、卖全球"成为现实。

一、"一带一路"的丝路城市

"一带一路"倡议充分依靠中国与相关国家既有的双多边机制，借助行之有效的区域合作平台，已成为促进贸易发展、推动全球经济治理变革的新引擎。义乌自改革开放以来，就坚持开放和国际化的发展思路。自2013年我国首次提出"一带一路"倡议以来，义乌主动把城市发展纳入"一带一路"节点中进行谋划、定位，构筑起对外开放大平台，尤其是依托国际贸易综合改革试点，以市场为核心，积极打造了集国际贸易、国际金融、国际会展于一体的国际商贸平台，努力开拓"一带一路"市场。义乌成为"一带一路"国际贸易十大潜力支点城市之一（位列第三位），在"一带一路"国际贸易方面具备强劲的增长力。义乌海关数据显示，2016年出口增长的50%以上来自"一带一路"沿线国家。2017年1月至2月，义乌对"一带一路"沿线国家出口159.5亿元，同比增长6.2%，占出口总额的51.9%。

（一）"义新欧"常态化运营，构建义乌小商品"走出去"新通道

"一带一路"建设陆路支点的"义新欧"班列开通以来，出口经济高速增长，进口从无到有，中欧班列在义乌与"一带一路"沿线国家间的通道和交流作用不断增强。目前，中欧班列（义乌）总共开通9条线路，覆盖34个亚欧国家，已成为中国开行线路最长、开通线路最多、装载效率最高、经营模式最新、运营机制最活的国际品牌班列。"义新欧""义乌—莫斯科""义乌—波兰""义乌—马德里"及"义乌—布拉格"等国际班列的常态化运行为义乌小商品开辟了经济、便利的国际邮件运输新模式，已成为地方在国家"一带一路"建设实践中的典范和品牌。随着中欧班列（义乌）运营常态化、多元化，运行成本呈逐年下降态势，中欧班列给义乌乃至浙江带来的综合效应正在逐步显现。"义新欧"中欧班列被称为亚欧大陆互联互通的重要桥梁和"一带一路"建设的早期成果，是目前所有中欧班列中唯一由民营企业运营的班列。这趟班列的运行让义乌与"一带一路"沿线国家和地区的贸易量迅速增长。

2017年，49列"义新欧"回程班列共带回3 670个标箱，同比激增822%。同样在2017年，义乌市场出口额增长超过4%，进口额增长超过25%。"义新欧"既是

义乌对外开放"无中生有"的典型案例,也是义乌新一代商人梦想的延续。

(二)"一带一路"倡议有效提高了义乌对外资的吸引力

自"一带一路"倡议提出以来,义乌外资公司数量水涨船高,2017年已达1 446家,打破了自2008年至2014年徘徊在600家的数量瓶颈,实现了跨越式发展。其中,来源于"一带一路"沿线国家和地区的外资公司743家,占总数的51%。这些外商对义乌普遍看好,投资活跃。

统计数据显示,2016年义乌全市GDP总值达1 118.1亿元,比上年增长7.7%,全市人均GDP达143 972元,居2016年中国GDP千亿县第14位,经济社会综合实力居2017年全国百强县第12位。目前,义乌市已成为浙江省乃至全国最具发展活力的区域之一,义乌市招商引资工作成效显著,企业吸收外资形势较好,2016年累计新批外资项目365个,增长145%;合同利用外资1.548 55亿美元,增长213.4%,实际利用外资1.018 8亿美元,增长65.2%。与省内17个经济强县相比,义乌自营出口、人均储蓄、城镇居民可支配收入等指标均位列第一,充足的资金支持了义乌小商品市场的发展。

二、"买全球、卖全球"与国际创客

"一带一路"倡议实施后,义乌进行了"买全球、卖全球"的战略布局。"在义乌,你可以把中国商品卖到全球,还可以买到来自世界各国的商品",义乌已经从单一的"卖全球"转变为进出口均衡发展的商品集散中心。仅2017年1—3月,义乌市进口额就达到8.13亿元,增长幅度为84.31%,几乎达到了翻倍的程度。国际商贸城五区进口商品馆是国内最大的进口日用消费品采购基地,占地10万平方米,拥有7.7万种商品,来自100多个国家,其中"一带一路"沿线国家商品占一半。义乌市政府对进口产业的扶持力度非常大,在2017年4月推出了《促进进口贸易发展十项举措》等一系列进口促进政策。

(一)"卖全球"的"世界超市"

随着"一带一路"倡议的深入推进、义乌市场采购贸易方式的不断完善,义乌外贸出口快速增长。2017年一季度,义乌实现进出口总额488.78亿元,同比增长23.72%;中国小商品城成交额316.29亿元,同比增长一成以上。"一带一路"倡议也为义乌带来了贸易新机遇。义乌海关数据显示,2016年,义乌50%以上的出口增长来自"一带一路"沿线国家。2017年1—2月,义乌对"一带一路"沿线国家出口159.5亿元,同比增长6.2%,占出口总额的51.9%。

　　为高水准引进新项目，义乌还设立了100亿元的"一带一路"建设投资基金，重点扶持"一带一路"相关产业的发展和重大项目的建设。同时，义乌承接国际产业转移，招引"一带一路"沿线国家企业，目前已引入投资70亿元的吉利义利动力总成项目、投资72亿元的英伦新能源商务车项目、泰国正大集团投资建设的中央厨房项目、侨商总部大楼项目、格鲁吉亚红酒"中国仓"项目等。

　　在"走出去"方面，义乌做深"中国小商品城"驰名商标文章，努力构建全球"义乌系"市场网络。目前，义乌已在宁夏省贺兰县等地设立进口商品直销中心，在波兰华沙设立中国小商品城首家海外分市场，并在"一带一路"沿线设立17个海外仓，在白俄罗斯中白工业园区投资建设欧亚小商品集散中心项目。此外，义乌还与86个"一带一路"沿线国家的城市保持官方交流往来，与西班牙巴塞罗那等18个国家和地区的24座城市结成"姐妹城市"，与"一带一路"沿线64个国家和地区建立了贸易往来关系。

　　义乌市场对外延伸，其对接功能不断加强。与市场对接的国际小商品集散地已扩大至巴拿马的科隆、阿联酋的迪拜、智利等地，与义乌对接的境外小商品市场有柬埔寨的"中国商城"、俄罗斯的"海宁楼"、巴西的"中华商城"、意大利的"中国城"、中东阿联酋的"中国产品交易中心"、南非的"中华门"等10多个。

　　随着市场国际化程度的日益加深，国际零售巨头沃尔玛、日本开放仓库开始涉足义乌市场采购商品。其中，沃尔玛中国地区采购商来义乌考察并开始定制"贴牌"商品。对外贸易形式不断得到创新和丰富，出现了一些有义乌特色的外贸形态，如一头在义乌采货，一头在国外市场销货、供货、结算一条龙的跨国外销方式；国外商务机构与华侨代理商组成的外贸组织方式；培植虚拟品牌接轨国际商业买家的外贸方式；等等。据海关统计，美国已成为义乌市场的主要出口国。各国按照与义乌市场贸易成交额的多少排名，顺序依次为美国、阿联酋、俄罗斯、乌克兰、韩国、日本等。

　　出口商品产业集群特色明显，出口商品中，所占比重由大到小的依次为服装、袜子、木制相框、装饰品、针织品、日用百货、工艺饰品、五金厨卫、各式毛毯等。优势行业和产品占自营出口的比重不断增大，在主要出口产品中，服装、袜子、塑料制品、纺织制品、工艺品等产品的自营出口额占全市自营出口总额的70%左右。工艺、饰品、花类、玩具、眼镜、小五金等优势行业都已经成为外贸出口的主力。当然，其实早在"一带一路"倡议被提出前，义乌的小商品生产厂家已经在沿线国家形成布局。但倡议被提出后，贸易环境更加友好，贸易种类更加多样化。这种合作对企业走出去投资的影响更大。两年来，义乌市先后有8家经核准的企业分别赴泰国、南非、安哥拉、埃塞俄比亚等"一带一路"沿线近10

个国家开展投资，投资项目 10 个，投资合同总额 5 490 万美元，投资领域涉及服装生产、农业加工、物流、海外仓等。

（二）"买全球"

近年来，义乌发展进口贸易，这是推动整个市场转型升级的三大战略之一，目的是实现进出口贸易的互动，打造义乌新的核心竞争力，让其营商成本更低，经商效率更高，从而集聚更多的商人、企业、商品。

随着"义新欧"班列的开通，义乌在最大程度上增加了进口馆内的商品种类，从原先的 5.5 万种迅速增加到 7.7 万种，并且还在不断增加。中欧班列带回了欧洲红酒、橄榄油的同时带回了日用品及母婴用品，这些产品的价格也普遍下降。目前，中欧班列（义乌）进口的发展势头比出口的发展势头更强劲，义乌进口商的"洋货"生意的发展，也随着中欧班列（义乌）的运行"提速"，沿线国家越来越多的优质商品纷纷被带回义乌。

（三）"买卖全球"的国际创客

义乌国际创客借助"一带一路"合作共赢，实现资源的全球配置。"买全球"的义乌正充分发挥自身优势，全力打造全球日用消费品进入中国的桥头堡、全国重要的进口日用消费品集散中心、全国跨境进口电子商务重要基地，占领"买全球、卖全球"贸易战略高地。

1. "卖全球"的义乌国际创客

随着国内竞争的日趋激烈，市场渐至饱和、疲软，利润空间一再压缩，因此向外成为必由之路。义乌创客们将融入国际主流销售渠道并成为全球化链条上的一个节点作为发展的新目标。

【实例】远光眼镜的远洋梦

11 年前，张健芳和丈夫凑钱在义乌小商品市场买下一个摊位，做的还是转手生意：客人看完样品下单后，货要跑到远在几百公里外的椒江订做。"人辛苦不用说了，除去差旅费和运费，一副眼镜的利润还不到一块钱。"6 年前，张和丈夫用 5 年的辛苦钱投资了一个眼镜厂，并创办了"远光眼镜有限公司"。这时候，一个巴西客商的出现改变了她的经营思路。"做外贸生意结算有保障，利润空间也大。"经过几年同老外打交道，今天的"远光眼镜"已经在欧洲市场站稳了脚跟，年营业额达上千万元，每天生产的 1.5 万副眼镜中的 95% 以上都戴在了老外的鼻梁上。

凭着"世界超市"的天时、地利、人和，义乌市场创客们大胆创新贸易手段，做接轨国际大文章。义乌创客们千方百计发展国外市场下游分销商，构建国际营销代理网络。巴拿马的科隆，俄罗斯的"海宁楼"，巴西的"中华商城"，意大利的"中国城"，阿联酋的"中国产品交易中心"，南非的"中华门"，世界上 10 多个国际小商品集散市场都已与义乌成功接轨。据报道，有 500 多名义乌人在国外经商，组成奇兵突起的海外兵团。小商品辐射面从中东阿联酋向俄罗斯、乌克兰等向欧美更多国家和地区扩展。与义乌人以前"鸡毛换糖"时代的奔走四方不一样，近万名老外上门采购，直接刺激了义乌小商品企业的勃兴，几人、几十人的小厂遍地皆是。许多卷起裤脚做生意的农民，按着电子计算器跟不会中文的老外们讨价还价。而一部分老外带着在当地聘请的"买办"，成天在市场上转悠。目前，义乌的外贸翻译公司已有好几十家，有几百名英语、阿拉伯语、韩语等翻译，培训当地人外语、培训老外汉语的语言培训学校也十分红火。据义乌市外经局透露，目前 80% 的义乌商品销往国外，义乌的经济已成功转型。

义乌创客抢占全球市场、开拓海外市场的路径主要有两条：一是将义乌专业批发市场作为国际化的平台，通过各种中介把产品卖到国外；二是义乌商人直接到世界各地去做生意。

2. 走进义乌的"洋"创客

在义乌 200 万常住人口中，外国人就占了 1/4。随着"一带一路"倡议的提出和推进，更多来自世界各地的外国友人汇集于此，他们在这里经商、工作、生活，通过每一桩生意和每一次交流，在经营自己生意的同时，结下了深厚的友谊，"一带一路"正让幸福之花在义乌绽放。在"一带一路"的倡议下，越来越多的国家和"洋创客"愿意和中国进行经贸合作，进入中国市场。

在这个大背景下，义乌开通了全国唯一一条民营的中欧班列——"义新欧"，与"一带一路"沿线国家进行了更加密切的合作，这为义乌带来了不少客源。目前义乌正致力打造全球日用消费品进入中国的"桥头堡"，形成"买全球、卖全球"的新格局。

2013 年 9 月底前，义乌外资公司的投资来源国（地区）有 62 个，其中"一带一路"国家 28 个。经过六年多的发展，义乌外资公司的投资来源国（地区）增至大约 100 个，其中"一带一路"投资来源国达 40 个，新增了欧洲的乌克兰、波兰和阿尔巴尼亚，南亚的尼泊尔、孟加拉国，东南亚的缅甸、柬埔寨，中亚的乌兹别克斯坦、哈萨克斯坦、土库曼斯坦，西亚的塞浦路斯、卡塔尔等。

另一组数据更直观。"一带一路"倡议被提出前，义乌有外资公司 589 家，投资来源于"一带一路"沿线国家的有 130 家，占总数的 22%；目前，义乌有投资来源于"一带一路"沿线国家的外资公司 743 家，占总数的 51%。在义乌外资公司投资来源国（地区）排名中，"一带一路"国家表现强势，占据了前十位中的六席，排序分别为也门 152 家，伊拉克 96 家，伊朗 71 家，叙利亚 63 家，印度 58 家，阿富汗 42 家。其中，也门、伊拉克、伊朗、叙利亚和阿富汗五国近年来政局动荡、物资短缺，因恢复重建，物资需求旺盛。这五国来义乌采购小商品进而成立公司的外商逐年增多。虽然印度近年来与我国存在军事对峙，但两国经济联系相对紧密，贸易往来频繁。

第四章 义乌国际创客主体的基本素质

第一节 义乌国际创客的创新精神与意识

创新一般是指对旧事物的否定和变革，在已知中有突破，在未知中有发现，能提出新思想、新概念、新方法。创新贵在创意，要有新思维，要有推广价值。创新是学术研究的灵魂，知识经济时代，创新能力是指利用已知信息创造出具有社会价值的新理论或新产品的能力。创新精神是指实现自己的创造性意图或设想的强烈欲望、坚韧毅力和积极性。创新能力是各种能力的综合反映，创新精神则涉及一个人的禀赋个性和情感意志。创新人才是指那些具备优良品质、突出才智、坚强意志，具有强烈的创新意识和创新精神，熟悉创新原理，掌握创新方法，在各种社会实践活动中，能以自己的创新思维和创新性劳动做出创新性成果的人。培养适应社会发展和时代要求的创新型人才是时代的呼唤。有创新能力和创新精神的人才，一般具有以下特征。

一、具有创造性的思维方式

创造性思维是指人脑对客观事物进行有价值的求新探索而获得独创结果的思维过程。人具有创造性思维首先表现在平时的思维活动经常显示出积极的求异性及敏锐的洞察力。他们关注客观事物的差异性、特殊性以及本质与现象的不一致性，思考问题时往往采取反向思维，常以有准备的头脑观察周围的事物，思考感兴趣的问题。同时，这种人善于进行创造性想象，运用创造性的想象填补空缺的事实，引导思维的拓展，然后再进一步汇集事实，检验和修正这种想象，并找出真正的客观规律。

二、具有合理的知识结构

一切科学的新进展都是建立在已有知识的基础之上的。在某一学科或专业方面具有创新能力与创新精神的人才，必须具有与该学科或专业相对应的合理的知识结构，包括扎实的基础理论知识、精深的专业知识、广泛的邻近学科知识以及和本专业有关的新的科学知识。只有这样我们才能发现新问题，提出新见解，从而顺利地开展创新活动。

三、具有很强的实践能力

一个人要想实现自己的创新性设想，就要运用某些工具把自己的设想表示出来，并通过实践活动使设想变成现实。人的行为是以实践活动为主体的，创造性活动是智能、知识和实践三者相互作用的综合结果，如果没有实践能力，谈何创新的实现？在将"知识"转化为"智力"，把"智力"转化为"能力"，又将"能力"转化为"创造力"，再把"创造力"转化为"创新现实"的物化劳动过程中，每一步都离不开"实践"，实践是创新的桥梁。一个人若想为社会提供有价值的新观念、新理论、新设计、新产品，不仅要有知识基础，还要有经过严格训练的基本技能和很强的实践能力。

四、具有良好的心理素质

创造性的事业总是和崇高的目的联系在一起。有了崇高的目的，才可能有强烈的事业心、求知欲望和创新欲望。创新者必须具有百折不挠的坚毅精神。因为任何创造从开始到成功，最后得到社会承认，都是一个漫长的过程，其中可能要经过多次挫折。以坚强的毅力战胜这些挫折，勇往直前，是一个人具有创新精神的重要表现。一个人只有具有良好的心理素质，敢于联想，敢于猜测，才能在创新实践中不断总结经验，并从中受益。

第二节　义乌国际创客的创新能力

创新能力是在技术和各种实践活动领域中不断提供具有经济价值、社会价值、生态价值的新思想、新理论、新方法和新发明的能力。

一、思想政治素质与身心素质的统一

国际创客的思想政治素质直接影响到他们的职业理想、人生态度、敬业精神、进取意识以及价值取向等，是国际创客忠于党的教育事业，无私奉献，甘为人梯的巨大精神动力。知识是素质的基础，能力只是素质的一种表现，人的素质的根本特征是它的内在性，全面素质和创新能力的提高不仅靠学习，还靠培养。当代国际创客必须明白这个道理，在知识和能力的提高中，注重知识的内化；在做人和做事的关系上，重视做人的道理，做到学会学习、学会生存，进而做到学会创造，以实现精神的升华与灵魂的净化。

二、科学素质与人文素质的统一

国际创客的素质教育应注重社会科学的教育，因为市场经济的交换方式、利益机制使人容易屈从于物质、实用、经验、功利的诱惑，而冷落人文教育。当今，科学技术的迅猛发展已经远远超出了人的认识范围，而且已经深入人们的日常生活，广泛地影响着人们的生产、生活方式。因此，只有同时提高科学素质和人文素质，才能提高自己的创新能力，在知识经济时代立于潮头，迎接挑战。

三、专业知识与教学能力的统一

要想培养创新能力，教育思想、观念、目的、宗旨等就要转变为具体教育实践，就必须通过教学这一中间环节实现。学校应提倡开放式教学和探索式教学，充分利用现代化的教学手段，使学生从被动接受知识转变为主动探求知识，培养学生解决问题的能力、创新意识和创新精神。同时，必须更新教学内容，把学生带到学科发展的前沿，在教学与科研相结合的过程中，使学生对学科加深理解并掌握研究的方法，培养学生的创造性思维，培养敢于创新、善于创新的高素质新人。

第三节　义乌国际创客的品质特征

培养国际创客的根本目标是培养创新型人才，因此评价创客教育成效的标准是能否有效地培养学生的创新能力。本节梳理了创客的品质体系，实现创新的思维过程、心理动因及意识转化能力。

一、国际创客品质体系

国际创客培养的实质是高层次创新人才的培养，但有别于单纯的创新人才的培养。从现代意义上讲，创新意味着对旧事物的突破，意味着超越、开拓和推陈出新。

与"创新"相关的术语有"创新品质""创新能力""创新意识""创新精神""创新技能""创新思维"，各术语的关系如图4-1所示。由图可知，国际创客品质体系包含创新能力、创新个性和意识转化能力三方面的内容。

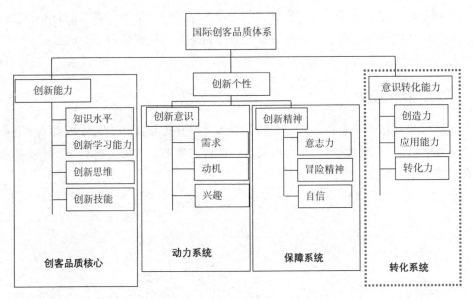

图4-1　国际创客品质体系结构图

国际创客的培养重点不仅仅在于培养人才的创新意识和能力，还在于意识的转化（详见上图虚线部分）。创新能力、创新个性与意识转化能力有着紧密的联系。创新能力的培养需要创新的动力系统（创新意识）、保障系统（创新精神）和转化系统提供支持，创新个性则为创新能力的发展提供心理状态和背景情境，而意识转化能力需要前两者作为基础。因此，我们在培养国际创客的过程中，要将创新意识、创新精神的培养考虑在内。只有在意识转化能力与创新个性双重因素的作用下，才可能达成提升创新能力这一目标。也只有将意识转化为现实，才能成为真正的国际创客。

二、创新思维

作为创新能力的核心，创新思维是指在认识客观对象时，人脑能够摆脱逻辑模式的约束，不经过严格的推理和演绎，直接通过潜意识的顿悟认识对象，并迅速识别的思维方式。创新思维能够保证学生将所习得的知识迁移到新的学习过程中，顺利解决新的问题，所以说创新思维是贯穿创新活动的关键性思维。

三、心理动因

创新能力是在解决实际问题的过程中所体现的综合能力，实现创新的心理动因包括创新的需要、创新的兴趣以及创新的情感。在培养创新能力的过程中，应合时宜地诱发学生的心理动因。

四、转化能力

国际创客培养的最终落脚点是将创新人才转化为创客，这主要是通过培养创新人才，将"三创"意识转化为现实这一过程实现的，这也是创新人才培养和创客培养的主要区别。

第五章　新丝路支点上的义乌国际创客特色文化

随着经济全球化、一体化及信息化的到来和"一带一路"倡议的深入推进，不同国家、不同地区及不同文化背景的人们交流日益频繁。跨文化交流传播是21世纪文化发展的动力，由此社会发展出现了新空间、新模式和新契机。一方面，我国日益与国际接轨，增进了对世界的了解，另一方面，树立良好的国际形象，创造有利的国际舆论环境，需要积极向世界传播和展示我国灿烂辉煌的民族文化和丰富的精神产品，以增强国际影响力，参与全球新秩序和新文化的重建。

党的十九大指出，我们要倡导创新、创业和创意文化，大力发展文化产业，促进和加强国际交流与合作。在十九大精神的指引下，作为新丝路支点城市的义乌不断加大开放力度，大力发展国际贸易，紧抓"一带一路"倡议的重大机遇，大力发展创新、创业和创意产业，引入国际"三创"人才，积极融入国际贸易一体化大潮。义乌与200多个国家和地区有商贸往来，每年往来的外商有50万人，常驻外商有15 000多人。国际创客在义乌生活、学习和经商，融入义乌，成为新义乌人，多元国际文化融合发展形成了独特的国际创客创新文化。

第一节　义乌国际创客风貌

义乌既不沿边也不靠海，不但交通不便，而且资源匮乏，也没有什么工业基础。四十年间，义乌在先天条件不足的情况下，从"鸡毛换糖"和"马路市场"一跃成为"世界超市"，问鼎全球最大的小商品市场。义乌的快速发展离不开义乌国际创客文化的支持与引导。义乌的国际创客文化经历了"鸡毛换糖""马路市场"、国际商贸文化、电子商务文化与跨国电商文化等阶段，最终形成了义乌独特的国际创客文化。

在中国创业 2.0 时代背景下，创客空间已经成为创客文化发展的主要载体，义乌国际创客文化就是伴随着国际创客空间的发展而诞生的。义乌国际创客空间从较高要求的创新门槛形态逐渐向"草根""大众创造"的无形边界发展，这直观体现了国际创客文化的特征和状况。

一、初形态创客空间下的国际创客文化

义乌创客空间始发于科技孵化器，一般表现为向科技型中小企业与入孵企业提供研发、生产、场地设施以及经营等相关服务，在大众创新及创业领域有扎实的基础。具有较强实力的高校联合政府高新技术园区建立科技孵化器，创建了一批有竞争力的高新技术企业，获得了大批创新成果。

而义乌国际创客初创空间主要体现为高校人才培养基地、兴趣俱乐部等创客空间形式，它们成为义乌早期活动的聚集场地，如义乌工商学院创业学院的创业实验室等，创客的创新成果通过互联网或参赛、路演形式吸引风投。社会及企业的兴趣社团和创新实验室采用实体化、社区化运行形式，在创意向创业转化的过程中，其具备极强的商业目的性和实用性。一些社区通过线上交流创意、线下不定期聚会协作促成创意想法的实现；企业的创意空间则是激励全体员工提出有创意的想法，在实验室和生产线上进行产品改进。

该形态下的国际创客文化是非完全开放的，不论是科技孵化器，还是创新实验室，其物理位置相对孤立，参与人员较为专业，处于相对封闭的实体空间，共享与协同程度处于探索阶段。

二、中形态创客空间下的国际创客文化

随着互联网技术的普及与推广应用以及创新创业的范式、途径与主体的不断改变，大众开始在创新的"长尾效应"中发挥显著作用。同时，国家及义乌市政府非常鼓励大众创业、万众创新，致力于打造义乌特色的国际创业生态链，建设"众创空间"。众创空间是互联网＋大环境下国际国内创客空间本土化的产物，不能与以前任何一种创客空间形式画等号。

其一，搭建创新创业平台。相对于初级形态的科技孵化器、实验室、兴趣俱乐部等创客形式，众创空间为大众和草根创造者搭建链接式、互动式的创新创业平台，为其提供成长和全方位的服务场所，有效降低了创新创业的门槛和风险成本。

其二，完善创新创业服务系统。众创空间既是创新创业者理想的网络、社交与资源分享空间，又是一个为各类创客们提供创新创业服务的系统。创业 2.0 时

代和互联网＋背景下的创客空间将互联网与开源技术结合起来，吸引有创意的广大创业者参与，发挥国家政策和创新资源的协同效应，在众创文化内涵指引下组成区域性联盟，共享资源和创意。众创文化能够满足大众创客在不同成长阶段的需求，包含"创客—创客""创客—市场（国际和国内市场）"特色服务理念，有利于促进创客与市场的快速融合。

义乌的国际众创空间文化的宗旨是打造一个开放式国际创新创业生态体系，鼓励和发扬"人人创新、人人创业"精神，核心目标是为大众创客提供一个联合创新场所以及完备的创新创业辅助服务。

三、高形态创客空间下的国际创客文化

针对日益复杂的创新创业活动，小型科技孵化器功能不足，中等孵化器需多方联合，创新资源的全行业与全链条的协调融合发展更是不可或缺。在迅猛发展的创客浪潮中，打造"国际创客空间＋孵化器＋加速器"垂直链条和超级孵化加速器成为发展趋势。义乌多家国际产业园区构建了"人才创业—科技孵化—企业加速"互联网＋的超级孵化器基地，集成"众创＋众筹""孵化＋加速""平台＋总部"的系统功能，吸引基金带项目入驻，并发行内部基金以实现基地各创新项目间的循环造血，促进基地与企业共生发展关系的稳定。

2015年初，浙江省人民政府率先提出为国际国内创客打造新的造梦空间，提供特色的创新创业平台——梦想小镇，建设一个有高端产业定位、创新文化特色的，集国际国内创业青年社区、巨型科技孵化器、天使小镇与互联网创业小镇于一体的新型众创空间。

超级孵化器基地和梦想小镇开启了国际国内创客空间发展的新形态，这类创客空间以创新创业资源的协同整合为核心，表现了一种"资源协同""联合创业"的文化精神，为的是创造新需求和促进新就业，形成新的经济增长点。

第二节　跨文化现象与文化融合

跨文化是指不同群体的文化差异，它包括双方母国（或民族）文化背景差异、双方母公司自身持有的"公司文化"差异以及个体文化差异。文化的差异使各国人们的思维方式和行为规范不同。在国际贸易中，文化差异很容易导致贸易双方产生误解。因此，在国际商务活动中，不仅要熟悉商务活动的规则，还要了解对方社会的思想、习惯、行为，特别是了解他们社会的文化，这样才能在国际商务

活动中运筹帷幄，立于不败之地。本章试图从理论与实践的角度对国际商务活动中的交际、商务礼仪、商务合同和商务谈判中的文化差异等进行探讨，目的在于帮助人们有效地从事跨文化的国际交流和国际商务活动。

1993 年第一批国际创客进入义乌后，国际创客入境来到义乌的数量逐年增加。据义乌外事服务中心统计，2018 年义乌入境人数为 40 多万，较 2017 年增长 39% 左右。义乌入境的国际创客中入境前十位的国家分别是韩国、印度、巴基斯坦、伊拉克、埃及、南非、阿尔及利亚、日本、伊朗、阿富汗。有数据表明，义乌由经济和市场衍生出来的多种文化的交流不断加强，从而促使义乌多元跨文化交流格局得以形成。在义乌国际贸易往来中，商务谈判的双方通常是来自不同国家和地区、具有不同文化背景的人群，由此造成的文化差异势必会带来交易的障碍和矛盾。所以，重视不同国家间文化差异问题对义乌国际贸易商务谈判十分重要。

一、商务交际中的文化差异

（一）文化背景的差异

209 个国家和地区的外商聚集义乌，国家及地区文化的差异较为明显，集中表现在商贸活动中的语言、行为方式和对事物认识的差异上。比如，在义乌经商的美国人和瑞士人，讲话常常直截了当，独来独往，注重平等，喜欢自由，但是美国人喜欢创新，标新立异，而瑞士人则并不希望凸显自我。如果他们一起走在义乌的大街上或社区里，看见不文明行为，美国人多半会上前制止。日本人和韩国人喜欢融入群体，有抱团的精神。两者相比，日本人会用理性控制自己，而韩国人则希望自己能"鹤立鸡群"。如果社区里举办晚会，韩国人多半会在台上尽情放歌。不同的行为方式都是各自民族文化所致。

（二）价值取向不同

国际创客价值取向的差异主要体现在个体主义和集体主义的差异上。在个体主义占主导的文化中，人们十分重视个体的独立性格和能力，认为做自己想做的事、满足个体需要是最有价值的。因此，做了自己喜欢而令别人讨厌甚至反感的事也常常不知或是不在意；而在集体主义文化中，人们普遍认为集体共同的利益高于一切，可以为了集体的利益而放弃其他一切利益，无视个体的需求，所以人们常常在做事情的时候要估计到他人的感受。价值取向不同的文化在融合过程中，势必会出现不同程度的交流及交往障碍。

（三）思维方式及语言表达不同

由于文化差异，人们在思考和表达时会有不同的方式。有的注重提高交际效果，他们往往会采用开门见山、单刀直入、简明扼要的思维和表达方式，却常会让文化背景不同的人深感意外和尴尬；有的为了让对方领会和保全自己的面子，他们常常会曲径通幽，在交际中常常是"环顾左右而言他"。据有关调查发现，义乌国际创客依靠翻译和良好的语言环境，能较快地通过日常语言关，但思维方式却是不容易轻易改变的。

（四）宗教信仰不同

近年来，随着市场的不断繁荣，国际创客日益增多，参加宗教活动的人员规模和宗教场所数量都出现了较大变化，义乌也将国际创客的宗教问题作为重点工作之一。根据形势的发展变化，义乌新建了伊斯兰教和基督教等宗教活动场所，着力解决了信徒关注的宗教场所问题。义乌本土宗教和外来国际宗教的交相辉映，为义乌市宗教文化发展开启了一个新的时代。宗教作为一种意识形态和文化现象，深刻影响甚至决定着人们的旅游消费行为方式和审美特点。挖掘浓厚的宗教文化，促进旅游业的发展成为义乌市新的经济增长点之一。

二、商务礼仪中的文化差异

随着义乌"一带一路"倡议实施进程的加速，跨国文化的交流和商务活动越来越频繁，仅仅掌握外贸、外语等专业知识是不够的，还必须充分了解各国的商务礼仪，才能达成双方都满意的协议，从而促进商务活动的顺利进行。当代国际商务礼仪中有通用的知识，如求职面试、工作着装、头衔称呼、业务联系、商务会议、公众演讲和商务旅行等，都有许多共性。

三、法律观念的差异

在国际商贸活动中法律也是一项不可忽视的因素。在市场交易中，美国创客重视法律与合同；而德国人有"契约之民"之称，崇尚契约精神，严守信用。日本人则相反，他们进行商贸活动时从不带律师，他们只有在出现问题之后才会去聘请律师。

【实例】义乌"国际村"里演绎多国商道：63个国家1 500多名老外活跃在义乌五爱社区

2004年年初，投资12亿多元的义乌第一个外商居住小区——国际村，在义乌北苑街道开建。2006 年 12 月，国际村开始入驻。据国际村物业服务中心客服部经理楼建英回忆，当时小区内随处可见老外的身影。可能是受国际金融危机的影响，从 2008 年起，小区内的一些韩商开始撤离，来自其他国家的一些外商也开始向新成立的五爱社区搬迁。目前，住在国际村小区的外国人只剩下 82 人，这些人多来自印度、伊拉克和巴基斯坦等国。

国际村小区的外商少了，义乌城成了一座更大的"国际村"，常驻义乌外商已超过 1.4 万人。这其中，五爱社区外商最多，有 63 个国家的 1 500 多名老外聚居于此。

1. 一个夜市一条商业街"旺"了一个社区

成立于 2007 年的五爱社区，共分鲇溪、五爱、桥东、嘉鸿和梅湖等 5 个居民区。目前，该社区总人口近 2 万人，其中本地人口 3 000 多人，外来人员 1.3 万人左右，境外人员 1 500 多人。短短几年，五爱社区的商业氛围何以会如此浓厚，凭什么吸引越来越多的外商聚集此地？这主要得益于"一个夜市和一条库存商业街"。五爱库存商业街经营的商品种类齐全，价格低廉，每天都会吸引一拨又一拨的外商来此"淘宝"，有些外贸公司甚至直接到库存店进货。与五爱社区仅一江之隔的三挺路夜市，也是老外们特别爱逛的一个"便宜货市场"。近年来，到该夜市看商品式样、了解价格行情、选购物美价廉商品的老外越来越多。2016 年11 月初，五爱社区曾想在社区内复制一个"三挺路夜市"，夜市摊位数为 400 个，没想到一下子引来了上万人"哄抢"。后来受各种因素的影响，计划中的"五爱夜市"被迫暂时搁浅。

五爱社区商业发达，社区所处的地理位置优越、环境优美，吸引了众多老外来此经商、居住。五爱社区离义乌主城区、市场很近，该社区与义乌篁园市场、宾王市场、国际商贸城隔江相望，社区周边的客运、货运都很便利。同时，五爱社区在居住环境方面，有着其他社区无法比拟的优势，如桥东、五爱、嘉鸿和梅湖这 4 个居民区的北面就是风景秀丽的江滨绿廊，社区东面有梅湖广场，南面有鸡鸣山公园等一些休闲场所。此外，五爱社区便利的就学环境同样受到了不少老外的青睐，从幼儿园、小学到大学，一应俱全。"无论是创业、经商、工作、学习，还是居住条件，五爱社区都称得上是块宝地。"

据悉，目前，五爱社区共生活着来自 63 个国家的 1 500 多名外籍朋友。其中，又以鲇溪和五爱这两个居民区为多，这两个居民区已成了义乌的第二个"国际村"。有天下午，记者走进这个"国际村"，与居住在这里的几名外籍朋友进行了一次面对面的交流，和他们聊聊生活，谈谈工作。

2. 不到一年就会说流利的汉语

"学会说中国话，对做生意很重要。"在鲇溪新村 15 幢有家外贸公司，35 岁的阿利是这家公司的总经理。说起生意经，他说学会讲中国话太重要了。阿利来自索马里，他经营的这家公司是叔叔于2006年创办的。2008年5月1日，他来义乌后接手了这家公司，公司主要经营服装和袜子生意，从义乌市场进货，再把货物销往肯尼亚。为什么要苦学汉语？阿利说，他所熟识的不少外国商人就是因为不懂汉语吃了不少哑巴亏。为了学好汉语，他来义乌后，请了两个中国翻译，整天外出，看到东西就问"这个叫什么，那个怎么说"。不到一年，他就能说一口流利的中国话了。现在，阿利进市场订货、陪客商逛市场，一般都不带翻译。"我自己开车，一个人去就行了。"他说，3年下来，他已成了一个"义乌通"，每天都要出门逛市场，看样、订货、外销已成了他每天的"必修课"。

阿利的生活很有规律，早上8时起床，9时到公司，处理好业务后驱车到义乌国际商贸城或篁园市场，然后到商贸区美食街吃午饭，下午返回公司或到仓库处理有关事务，下午5时左右下班，吃好晚饭先和朋友下楼散步半小时，之后再回家看电视。虽然生活看似轻松，阿利的生意却做得很大，他每周至少要往肯尼亚发送两个货柜，多时达到每周6个货柜。

3. 每天都要出门"淘宝"

毛里塔尼亚商人思帝几乎每天都要到义乌国际商贸城里去转一转，看看有没有新品上市。他说，自从常驻义乌这个全球最大的小商品批发市场后，他每天就重复着这项工作。思帝来义乌已有七八年了，每天上午10时至下午4时是他出门"淘宝"的固定时间。思帝每天只逛国际商贸城，采购的商品也只发到摩洛哥一个国家，但他要采购的商品种类很多，用他的话来说，客户需要什么，他就采购什么。思帝的公司名叫"斯凯国际贸易有限公司"，地址在五爱小区12幢。这家公司规模并不大，只雇了两名中国员工，但生意不小，每月发往摩洛哥的标准货柜都保持在10个以上。

"董事长负责商品采购，我们负责收货、验货和装柜等工作，人手很紧，每天的工作都排得满满的。"朱女士是思帝的一名得力雇员。她说，思帝是个不到40岁的中年人，做事很严谨、很细心，每天下午回到公司后，总要习惯性地走进业务室查看各种单子，对顾客下的每一份货单都要仔细审核。"不是对我们不放心，这是他做事认真的表现。""每天进市场采购各种各样的商品，累不累啊？"对此，思帝笑呵呵地反问道："赚钱哪有不累的？"思帝说，因为义乌市场每天都有新品上市，所以他不可以一天不去逛市场。

4. 在义乌成家立业生小孩

38岁的莫法克来自叙利亚，他在鲇溪新村17幢开办"阿法米亚贸易有限公司"已经是第10个年头了。"义乌是我成家立业的地方，我很爱义乌这座城市。"

莫法克说，他在义乌认识了现在的妻子，并在义乌和妻子生育了两个儿子，如今两个儿子都已上了小学，他对义乌充满了感情。"在义乌10年，我见证了义乌的发展和繁荣。"莫法克说，他的公司原先很小，办公室就是一个小房间，如今光仓库就租了四五间店面，公司已拥有5名员工，每周要发送四五个货柜。公司主营文具，兼营五金和工艺品等，商品主要发往沙特、罗马尼亚、埃及等国家。

莫法克的助手金女士告诉记者，莫法克不但能说一口流利的汉语，还能听懂义乌当地的一些方言，有时还会对着朋友说几句地道的义乌话。在做生意之外，莫法克喜欢利用晚上时间，约朋友一道进梅湖体育馆踢一阵子足球。莫法克认为，踢足球不仅可以健身，还是交友的一个好途径。他说："足球让我结识了很多朋友，有义乌的，也有其他不同国家的。"

如今，在五爱小学就读的外籍孩子有60多名，五爱社区桥东居民区的一家幼儿园接纳的外籍幼儿就有40多名，义乌工商学院国际教育学院今秋也招收了215名留学生。外商、外国朋友已经完全融入了义乌人的生活，五爱"国际村"只是义乌这个更大的"国际村"中的一个缩影。

四、文化融合

义乌"国际创客"的发展需要跨文化融合和积淀，"一带一路"倡议的推进为其创造了新空间、新模式和新契机。"一带一路"加强了国际和地区的合作，加速了中企海外布局，推动了国际人才的流动。同时不少中企及国际型人才面临"水土不服"。虽然义乌是国际性的商贸城市，但是由于缺乏海外投资经验和风险评估能力，加之对海外政治、法律、文化等方面不熟悉等多重不利因素，很多中企"水土不服"，特别是文化的差异，给"引进来、走出去"的国际性人才带来了风险，制约了发展。因此，文化融合，形成共享、包容的特色文化尤为重要。

国际创客文化本身具有跨文化特点。国际创客文化的历史基因源自欧美，源自不同于中国的文化土壤和文化背景，根植于高度发达的工业基础，由最初的车库创业、硅谷创新到反传统的DIY思潮，到网络高科技催生的黑客文化、极客文化，再到共享、融合、发展的国际创客文化。国际创客文化是由创客文化和国际融合的文化组成的，其内核就是"实践、创新、创业、创意、多元、共享、融合和发展"十六个字，其核心是融合。

义乌不欺生、不排外，不同国家、不同地区、不同民族、不同宗教信仰的人在这里和谐相处，共同创业。五大洲的文化相互交融，让这座城市成为一个文化万花筒。这座城市让中外文化融合，让中国文化通过"卖全球"走出去，世界文化通过"买全球"引进来。

文化融合来自商业文明的积极推动。2015年，以徽派建筑为特色的义乌佛堂古镇成立了一家美术馆。美术馆以中外文化交流为主题，每年都会邀请乌克兰的艺术家来写生作画，还会定期举办乌克兰、意大利、以色列、德国等国家的各种展览。外国文化走进义乌，义乌文化、江南文化则通过外国艺术家的视角和语言走向世界，小小美术馆成为中外文化融合的一个缩影。

当前，义乌小商品已逐渐摆脱过去比较低端、技术含量相对较低的产品层次，不断提高科技含量，并将当地文化、中国优秀传统文化融入小商品中，通过中欧班列快捷地运送到世界各地。扎根文化产业领域近20年的华鸿集团是其中的典型，其专注于油画、装饰画等文化产品的对外输出，产品远销欧美的30多个国家和地区。

【实例】义乌国际风情一条街

义乌历史悠久，素有"文化之乡"美誉，道情、婺剧、武术等独具韵味和特色。如今，古老的文化又通过义乌人的勤劳和智慧，搭上了"一带一路"的快车。

义乌是一个世界商城，这里到处都是来自世界各地的老外。同时，这里也是一座优秀的国际创客城市。义乌的包容让世界各地的人走进义乌，引来了世界各地的美食齐聚义乌。

在义乌，不但可以找到国内各种地方的美食，就连法国大餐、日本料理、巴西烧烤、美国牛排、俄罗斯餐厅、阿拉伯特色餐馆等各国风味，人们用不着出国即可品尝。听义乌当地人说，在义乌的老外心目中，国际风情一条街（图5-1）可是大名鼎鼎，不到这里大吃一顿，很多老外是不会心满意足地离开义乌的。这条街竟有这般魔力？

图5-1 义乌国际风情一条街的临街美食

义乌宾王商贸区国际风情一条街充满着异国情调，这里随处可见英文、阿拉伯文、日文、韩文的招牌，仿佛是到了国外，就是不知究竟到了哪一国。在这里，在一家紧挨着一家的异国特色餐馆里，不同肤色、不同语言、穿戴各异的老外穿梭其中。路过一家餐馆，一位在门口迎客的老外服务生友好地用生硬却不难听懂的普通话说："你好！请问要吃点什么？"义乌国际风情一条街上外国人随处可见，一位中国服务生说，这些外商都能在这条街上找到适合自己的口味，吃到家乡菜。

当义乌国际风情街刚刚开始打造时，在这附近上班的社区干部虞云政渐渐发现，这里变得洋气起来了，各种各样的国外美食元素开始注入这里。吃惯了中国菜的他看着各国的美食，总觉得特新鲜。"日本菜围成一个圈，像流水线一样，人们从流水线上拿来吃；韩国菜里面，每顿都有泡菜。"后来他才知道，那条"流水线"叫"回转寿司"。虽然不怎么明白，但看着看着也就习惯了，日本寿司店、韩国料理店，门口进进出出的，除了日本人、韩国人等老外，还有中国人，人们打成一片，各国人民聚在一块儿，分也分不清。起初，位于市区最繁华的宾王商贸区的这条街还只有两三家阿拉伯餐厅，那不叫"国际风情街"，勉强算是一个"异国风情点"。

如何让众多的国外人士在这座"新移民"城市里和谐相处、共同发展呢？义乌市面对多元化的社会环境，在调查研究、充分征求外籍人士意见的基础上，按照不同国度客商的饮食文化、宗教信仰、民俗风情，由市政府统筹规划，在宾王商贸区开辟了国际风情街，吸引各国风味餐馆和娱乐场所进驻这里，最大限度地满足各国客商的饮食和娱乐需求。立足本地，面向国内外，体现了义乌时尚、开放、包容的特性。

义乌是一座不夜城，如今的国际风情一条街（图5-2）也是一条"不夜街"，人们吃喝狂欢，一直会从傍晚持续到第二天凌晨一两点钟。每当夜幕降临后，"国际风情一条街"霓虹灯闪耀，这里的酒吧、咖啡馆就开始忙起来了，走在街上，透过那些明亮的玻璃窗可以看到外国人和中国人坐在一起休息、聊天，空气里弥漫着阵阵烤肉的香气，飘荡着从店内外传来的音乐声、欢笑声。在宾王市场劳累了一天的义乌人也开始来到这里饱餐一顿，再喝上一杯香浓的咖啡，多么惬意的夜晚。

在这一带执勤的片警季军雄对国际风情街是再熟悉不过了。"我天天都在这条街上执勤，和好多外国人成了朋友。"老外总是拍着他的肩膀"老季、老季"地叫。有时候，许多外国人在宽敞的人行道上坐着吃饭，一个个四处张望。老季纳闷，于是问："看什么呢？""我们在看中国美女……"会说汉语的老外高声回答。

季军雄说，风情街热闹非凡是可以想象的，这里集中了多国美食。宾王商贸区的老外又多，光境外机构就有100多家，常驻外商有300多人，流动量一天有近4 000人。这些老外来自50多个国家，大多会到这条国际风情街品尝美食。

图5-2　义乌国际风情一条街街景

第三节　义乌国际创客群体文化

文化是特定社会或社会集体里所有与众不同的精神和物质、知识和情感的集合，除了艺术和文学，它还包括生活方式、价值体系、传统以及信仰等。文化具有的凝聚、约束、激励、导向的力量对国际创客这个特殊的群体而言尤为重要，因此构建"文化认同"更应该被摆在首要位置。

一、义乌国际创客的文化认同

我们以为构建国际创客群体文化认同，首先必须明确以下四个核心问题。

（一）国际创客身份认同

"我们是什么人？"与一般的创业者不同，创客即可将创意转化为现实的人。因此，首先要明确一点：无论你过去是什么职业，也无论你是专业人士还是草根出身，只要你有想法、有创意，并且敢于付诸行动，你就可能成为一个创客。其次，在创客运动之中，不是要创办大企业，而是要把自己从大企业的体制中解放出来，要做一个自由的、纯粹的开拓者。最后，创客运动不是纸上谈兵，而是要将意识通过行动最终转变成实体物品。

（二）国际创客情感认同

情感认同的前提是情感投入。创客创造的产品应该是有情感投入的；国际创客形成的文化也应该是有情感的文化和能够在群体中产生共鸣的文化。乔布斯曾经十分推崇《华严经》中的一句话叫"不忘初心，方得始终"，就是做事要有信仰、有信念。在我们看来，"创客"本就蕴含着一种来自信仰和信念的品质和力量。

（三）国际创客行为认同

"我们要怎么实现？"国际创客运动最本质的特点是"创新"。国际创客文化的"创新"可以有两种理解，一种是"对国际市场变化的反应能力"，一种是"对国际市场空白的开拓能力"。因此，这种"创新"不再由自上而下推进，而是由业余爱好者、创业者、专业人士等无数个人自下而上地开拓。这恰如义乌走出国门的草根国际创客们，他们祖祖辈辈都是小农商人，过着艰苦的"鸡毛换糖"的货郎担生活，但国际创客们通过自己的创新和开拓，走出国门进行投资创业；也正如到义乌躲避战乱的外国人，他们在义乌生活和经商，将义乌小商品带到全世界。

（四）国际创客目标认同

义乌国际创客多为以营利为目的的投资商人，但是在创客活动中，他们不只看重利益，还主张实践、创新、创业、共享、创意、开源等。义乌经过近四十年的快速发展，草根、专业、自由、纯粹、实践、梦想、兴趣、信仰、信念、品质、开源、创新、免费、共享、交流、协作、公益等观念已成为义乌国际创客目标认同的写照。因此，义乌国际创客文化的精髓也可概括为"开放包容、实干创新、开源协作、自我实现"。

二、义乌国际创客群体文化

（一）有开放包容的心态

"开放外向式"心态和"包容内向式"心理，对于义乌国际创客来说，二者缺一不可。开放是一种与时俱进的时代精神，有着极其深远的意义。作为一个新兴的社会特殊群体，义乌国际创客以开放的思想、开阔的视野应对国际市场的机遇和挑战。包容是社会适应能力的一种体现。创客运动不一定是精英群体，而更多的是社会性的大众行为，它既没有身份、职业的歧视，也没有学历的偏见。因此，在这场运动中，国际创客接受了来自不同国家或地区人们的思想、习惯、见解和价值观，建立了义乌国际创客群体共同的行为规范和生活准则。

（二）有实干创新的品格

创客运动是义乌经济社会发展史上一场新的革命，它需要开拓创新和实干精神。国际创客的创新不能只是一个想法，还要将它们付诸实践，并经得住市场的检验，因此创新不是口号，而是实干。中国自古就有"空谈误国，实干兴邦"的历史遗训，要坚信，只有以实干为基础、以创新为翅膀，国际创客运动才能在这个时代的"风口"上放飞理想。

（三）有开源协作的精神

荀子的经济思想中曾有"开源节流"之说，其中"开源"指的是"发展生产，开辟新的来源"。创客运动中的"开源"精神与之不同，它指的是"开放资源，免费分享"，这一规则需要创客们共同遵守、共同维护。同时，在"开源"之下，中国创客还要团结协作，正如深圳柴火创客空间的名字取意，"众人拾柴火焰高"就是在倡导这样的精神。

（四）秉持自我实现的使命

在马斯洛需求层次理论中，自我实现被认为是人类需求的最高层次。国际创客因为梦想、兴趣、爱好而投身于这场"运动"，就是要以实现个人理想、抱负为使命，将自身潜力挖掘到最大程度，完成与自身能力相称的事，从而在自我实现中得到真正的精神享受和物质满足。总而言之，这个十六字创客文化蕴含了创客的文化心理，概括了创客的文化品格，表达了国际创客运动的文化精神，体现了国际创客的文化使命，也应该成为国际创客群体认同的文化价值观。

第四节　培育国际文化创客，传播创新文化

在当今全球经济一体化的时代，跨文化广告传播作为商品国际营销的重要手段，对企业有着不可估量的作用。由于历史、地理等方面的不同，形成了不同地区、不同民族间文化的差异。不同的文化背景下，受众的消费习惯、消费方式不

同，不同顾客对广告的理解也是不一样的。义乌商品为了更好地打开国外市场，树立商品形象，在跨文化广告传播过程中必然受到一定程度的影响。

一、保持自身特色，融入西方元素

西方广告体现的是典型的以个人为中心的价值取向，表现在广告中就是突出以自我为中心的文化，重视个性的张扬和表现，如耐克广告，"Just do it"（想做就做）、"I can"（我能）。耐克广告之所以能够获得如此大的成功，就是因为它标榜个人奋斗、凸显自我的品牌精神，实际上是和西方人骨子里的个人主义价值观暗自契合的，所以很容易引起共鸣。

义乌企业的商品广告在保持自身特色的同时融入了西方元素。例如，义乌浪莎集团的"中国有个浪莎红"，浪莎希望"浪莎红"与"法拉利红""奥迪黑""IBM蓝""麦当劳黄"一样能够成为大众最熟悉的色彩，人们一看到"浪莎红"就会想起浪莎产品的精致、品位和时尚。这句广告词不仅反映了中国自身的传统文化——中国红，保持了自身特色，也在一定程度上融合了西方的理念。

二、挖掘文化共性，融合文化优势

西方人的思维方式是直线式的，他们表达感情的方式通常也是非常直率的。如雀巢咖啡的广告语"The taste is great.（味道好极了）"。西方人这种直接表达感情的方式与中国人含蓄间接的文化特质有着明显不同。从广告表现形式看，中国广告文化讲究内敛含蓄。虽然中西文化是不同的，但任何事物之间总是有联系的，文化也是一样，所以我们要挖掘文化共性。

义乌新光集团的新光饰品（Neoglory Jewelry），"Neo"这个词缀有"新"的意思，给人一种鲜活明亮的感觉，"glory"这个词让欧美消费者看到这个饰品产生一种"至、高贵"的联想。它的广告语即"让生活更美"，是向消费者表达拥有新光则生活就会变得更加美丽。这不仅符合我们东方文化对美的肯定和欣赏，也与西方文化的美感及心理需求是相通的。

浙江洪太生物工程有限公司为了把洪太打造成国际性品牌，在进行提炼和升华之后，洪太提出了总体品牌定位"百年洪太，中国味道"。从形式上看，体现了中国的传统，具有大气之美，具有情感的震撼力，凸显企业的伟大追求，对于西方消费者具有强大的吸引力。

义乌真爱集团则打出"真心、真情、真爱"的广告，即 Sincerity, True Feelings, True Love。这三个单词简单普通，却挖掘了人类的共性，因为爱是人类表达感情最温暖的字眼，具有情感的震撼力，自然能引起消费者的共鸣。

"穿好袜，选梦娜，梦娜袜业。"从这段短小精悍的广告词中可以看出梦娜袜业把其产品定位在"好"字上，符合中国文化对美好事物向往的意愿，也符合西方人直线式的思维方式，直截了当地告诉消费者梦娜袜是好袜。

第六章 义乌国际创客发展的挑战与机遇

第一节 "一带一路"大布局引导经济架构转型

近期，习近平从战略的高度，直面经济社会发展中存在的突出矛盾和问题，及时准确地提出了"一带一路"倡议构想，并引起了国内和相关国家、地区乃至全世界的高度关注和强烈共鸣。

首先，"一带一路"是对外开放区域结构转型的需要。众所周知，我国前期的对外开放重点在东南沿海，广东、福建、江苏、浙江、上海等省市成了"领头羊"和最先的受益者，而广大的中西部地区始终扮演着"追随者"的角色，这在一定程度上造成了东、中、西部的区域失衡。"一带一路"尤其是"一带"起始于西部，也主要经过西部通向西亚和欧洲，这必将使我国对外开放的地理格局发生重大调整，由中西部地区作为新的引擎承担着开发与振兴占国土面积三分之二广大区域的重任，与东部地区一起承担着中国走出去的重任。同时，东部地区正在通过连片式的"自由贸易区"建设，进一步提升对外开放的水平，其依然是我国全面对外开放的重要引擎。

其次，"一带一路"倡议顺应了中国要素流动转型和国际产业转移的需要。今天，尽管国内仍然需要大规模有效投资和技术改造升级，但我们已经具备了要素输出的能力。据统计，2014 年末，中国对外投资已经突破了千亿美元，已经成为资本净输出国。"一带一路"倡议通过政策沟通、道路联通、贸易畅通、货币流通、民心相通这"五通"，将中国的生产要素，尤其是优质的过剩产能输送出去，让沿"带"、沿"路"的发展中国家和地区共享中国发展的成果，帮助这些国家和地区进行如道路、桥梁、港口等基础设施的建设，帮助他们发展一些产业，如纺织服装、家电，甚至汽车制造、钢铁、电力等，提高他们经济发展的水平和生产的能力。这些都顺应了中国产业技术升级的需要。

最后,"一带一路"倡议顺应了国际经贸合作与经贸机制转型的需要。2001年,中国加入了WTO,成为世界贸易组织的成员。"入世"对我国经济的方方面面都产生了巨大影响。目前我国在建自贸区涉及32个国家和地区,在建的自由贸易区中,大部分处于"一带一路"沿线上。因此,中国的自由贸易区战略必将随着"一带一路"倡议的实施而得到落实和发展。

第二节　创客成为中国经济增长的另一新引擎

"创客"是指出于兴趣与爱好努力把各种创意转变为现实的人。一般认为"创客"是对英文单词"makers"的巧妙中译。"创客"的核心就是创造、创新。而创新一直以来为象牙塔内的技术和管理精英所主导乃至垄断,在基于互联网的DIY文化支撑下,创新的内涵和动力日趋丰富和多元。"创客"的兴起既是对精英创新的挑战,又是相互支撑、相互为用、相互转化的补充,政府部门、大型企业等多以积极的姿态采纳社会化创新来优化自身。对"创客"群体的激励正是从国家视野对精英、"创客"双元创新模式的前瞻性判断,是推进国家创新体系的战略举措。

由"创客"主导的商业、就业和社会模式率先在互联网上成熟起来,以淘宝为代表的电子商务平台,以维基百科为代表的知识创造体系,各类视频、图片、信息、文学分享虚拟社区等,基于财务盈利、广告推介、扩大影响、分享思想、相互沟通等多元动机,参与人数众多,无需特定盈利模式,对就业和知识经济增长的意义重大。互联网的"创客"现象会不断从网上移植到线下,形成社会化创新和创业的浪潮,带来创造力驱动的经济发展。

成就"创客"就是凝聚社会共识。"创客"精神可以理解为热情、创造、分享和互惠。"创客"精神不仅存在于创新孵化器中,还广泛地体现于三类人群:一是乐于将个人兴趣、生活方式和工作方式有机结合起来的创业人群,二是积极参与各种社会组织内技术和管理创新的普通员工,三是每个富有创意、乐于分享的普通人。"创客"社会的根基是人的创造力,而创造力的发生和发展离不开技术、融资、市场、信息、社会关系等多维度平台的支撑,高效和兼容的平台可以将更多事务纳入集中的规模经济管理中,而留给"创客"更多的想象和实践空间。"创客"空间、科技园区、孵化器等实体平台以及电子商务、社交网络等虚拟平台,构成了"创客"社会的一个个舞台,舞台的主角是承担了经济、社会和科技创新职能的创客群体。

第三节　创客运动为"一带一路"注入新鲜活力

安德森预测，创客运动是让数字世界真正颠覆现实世界的助推器，是一种具有划时代意义的新浪潮，全球将实现全民创造，掀起新一轮工业革命。随着"互联网+X"模式的到来，从事创造性劳动的门槛大幅降低，从业人口聚集，市场需求旺盛等，都在促进所谓第四产业的成长。这些为创客的流行提供了土壤，创客本身也成为第四产业的一种具有较强亲和力的从业形式。只要符合本土文化特色，创客运动就能生根发芽，事实上创客运动现阶段是关于文化边界和经济模式的建构运动。经过长时间的运行，创客运动的许多模式被固定下来，形成某种市场的机制，尤其是创意和投资之间的连接关系，甚至改变关系格局。

近两年"创客经济"的成长速度非常快。国内创客实体经济的规模2012年翻了一番，2013年产值过亿元人民币，2013年度南方创客从海外筹资已达1 000万美元规模。如果把一些私人设计工作室、个体套件商、小型发明创业团队的活动划入创客的范畴，可以得到超过200%的年增长率，2013年的经济规模已超越10亿元数量级。这些虽然总量不大，但引起的舆论关注却超过任何传统经济活动。"创客经济"的崛起既刺激着投资家的神经，又让具有创业理想的创客们痴迷其中。

创客经济到底是什么样的？先举几个例子，看看它与传统商业以及进一步的经济模式有什么不同。如我需要一只水杯，传统的方法是去超市买一只批量生产的水杯。创客经济的方法则完全不同，自己画一个，或者到网上去下载一个水杯的设计。然后，把这个设计发往成本适当的制造中心，由他们制造出来并通过物流派送。当然也可以用办公桌上的3D打印机把它打印出来。在这个过程中，创造性的劳动是设计。制造是一种基础条件，并且很可能不需要任何人的参与。又如，某创客在一位富豪的资助下建立了"创客空间"，置备了基础的实验设备，引来许多专职的创客组成创业小组前来落户。他们在这里如同封闭式开发一样迅速地实现自己的创意，并且共用创客空间的实验条件。创客小组的数量不断增长，因此产生了聚落效应，引起投资者的关注。一般来说，一个小组会首先与投资商见面，取得少量的种子资金，当创意得到一定程度的实现后，再与更多的投资商接触或投入众筹。这是一种叫作"硬件孵化器"的创客空间形式，是目前最有竞争力的创客实体组织。

综观西部地区，专职创客数量少，技术层次也比较初级，有如所谓的3D打印机的代理、西安丝路创客科技协会、创途在线、蒜泥科技等。而在我国沿海经济中心，不仅群体数量多，而且聚集的高水平人才也多，如柴火创客空间等，发展模式自然和西部不同。总的来说，众筹、开源社区和开源产品、制造外包、投资发展等，是创客经济现阶段的主要内容，而热门项目主要集中在容易在短时间内迅速膨胀的基于信息技术的新应用方面。他们在接近创造或称为智力成果的部分，在模式上更领先一些；接近产品或工业成果的部分，在模式上会传统一些。然而，鉴于东西差异化、地域化的特点，要实现产业重新布局优化，实现战略构想，"一带一路"与创客之间便有了紧密的联系。

第四节 新丝路创客的机遇与发展基础

"一带一路"是一个宏伟的构想，不但它的建设过程涉及众多国家和地区，涉及众多产业和巨量的要素调动，而且这其间产生的各种机遇也是不可估量的。

首先，产业创新带来的机遇。产业创新涉及产业转型升级和产业转移等带来的红利。随着"一带一路"倡议的实施，中国的一些优质过剩产能将会转移到其他一些国家和地区。因为市场供求与要素成本的变化使一些产业重现生机。此外，由于产业转移引致的产业转型升级更是机遇无限，如技术改造、研发投入、品牌等都会给投资者带来无限机遇。

其次，金融创新带来的机遇。"一带一路"倡议的实施需要有充足的资金流，巨量的资金需求只能通过金融创新解决。设立"亚投行"和"丝路基金"，包括发行各种类型的证券、设立各种类型的基金和创新金融机制等，这其间的红利和机遇之多甚至是不可想象的。

最后，区域创新带来的机遇。"一带一路"倡议本质上是一个国际性区域经济的范畴，随着该倡议的实施，必将引发不同国家和地区的区域创新，这包括区域发展模式、区域产业战略选择、区域经济的技术路径、区域间的合作方式等，这其间每个创新都蕴含着无限的机遇。

国研中心资源与环境政策研究所副所长李佐军认为，在移动互联网时代，每个人都能成为创客，更多的人可以参与到经济建设中。而在创客身上体现出来的"创新""创造""创业"和"活力"等特质，则代表了经济转型的方向。

《哈佛商业评论》杂志最近发表了安德森的一篇文章——《创客：新工业革命》。文中指出："逆向全球化已经开始出现，只依靠低成本劳动力的国家最终将会遭受损失。"安德森说："他指的是中国吗？这个世界工厂，低价劳动力聚集地？""我认为中国不会遭受损失，但是很多国家会。中国不仅有低的成本，同时有好的创新。"他曾经通过马云的阿里巴巴在中国为他的公司找到机器人零件的生产商，很多中国的私人企业也是他的竞争对手。所以说，中国最终会平稳渡过，而那些仅仅有便宜劳动力的国家则不会。

目前，创客多集中在科技领域。科技领域的创客又呈现出两种趋势：一种是以 3D 打印、舞台设计、航拍技术、演出设备等为代表的把新技术与现代文化结合起来的创客，另一种就是将现代技术与传统文化完美融合在一起的创客形式，如烙画技术。

除了科技领域外，文化内容方面的"创客"也是目前发展比较成熟的一种创客形式，如越来越获得受众认可的网络剧、网络自制节目。依托互联网这个大的开放性交互平台，任何有创意的人都可以把自己的内容包装上传到这个大平台上，以期获得更多的关注，而不被渠道所束缚。文化产业的创客特点明显：一是创客群体专业化、年轻化。二是创客集聚化。创客群体以大学生为主，以大大小小的创客空间、创业孵化器为主要形式。

创客的出发点是努力将各种创意转变为现实。而文化产业又被称为文化创意产业，恰恰是特别需要创意、以创意为原动力的产业，因此创客概念的提出对我国文化产业的发展具有现实的意义。当前文化产业的发展亟待解决的主要问题就是创意可能有很多，但是无法落地，无法付诸实践，而文化产业的轻资产特性又使得这一问题更加凸显。在这样的发展形势下，创客的提出无疑是给这些飘在空中的创意打开了一个落地的突破口，在环境、政策、资金、人才等各个环节上给予创业者支持，解决文化创意落地的瓶颈问题，这对我国文化产业的整体发展具有极大的推动作用。

创客正是这样一种把国家发展战略与个人发展融入社会，和经济时代相结合的产物。当今世界是开放的世界，在经济全球化趋势下，"一带一路"不仅把我国中西部紧密地联系在一起，还把中亚乃至欧洲都牢牢地连在一起。它将充分依靠中国与有关国家既有的双多边机制和行之有效的区域合作平台，在"双引擎"的驱动下，通过创客，也就是通过大众创业、万众创新，充分发挥各自的优势，合纵连横，以丝路经济的发展推动中国经济的转型优化升级！

第七章　新丝路起点上的特色国际创客

第一节　义乌走出国门的创客

义乌是世界小商品之都。"一带一路"倡议提出后，义乌搭建了新的通路，在"卖全球"的基础上实现了"买全球"。义乌人头脑灵光，敢为人先，做生意肯吃苦。早在 400 多年前的明崇祯年间，义乌赤岸的冯允奇就已经不辞万里，跋山涉水，把生意做到了国外。据《赤岸孝冯氏宗谱》记载，在对外贸易繁盛一时的明朝，族人冯允奇沿着义乌江，通过海上丝绸之路将当地的特产带到了波斯，没想到，大获成功。有专家推测，冯允奇可能是最早沿着"海上丝绸之路"前往西亚的义乌商人。族谱中记载了他的经商秘诀："仁心义质。"

《赤岸孝冯氏宗谱》中记载："出塞贸迁，波斯珍异载满归船。"明末清初，义乌赤岸人冯允奇就开始做外贸生意了，足迹曾到达古时的波斯地区。

据悉，冯允奇是目前发现的义乌最早从事外贸的商人。据义乌市志编辑部有关人士推测，冯允奇当时出国经商的路线大致是这样的：先从义乌坐船到金华，然后转到衢州上岸，从江山翻过仙霞岭到达福建境内，再从漳州月港出海。

案例一：打造非洲最大的农场

黄云丰，男，1959 年 8 月出生，义乌廿三里街道廿三里村人，中共党员。安哥拉幸运人集团董事长，幸运人集团安哥拉登盈农场董事长，浙江登盈实业有限公司董事长，义乌市大昌进出口有限公司董事长，义乌市君霞进出口有限公司董事长，非洲安哥拉金华侨商联合总会会长，安哥拉中国侨商侨企慈善基金会会长，金华婺商总会副会长，安哥拉中国农业渔业协会会长，安哥拉中国养殖业协会会长。

黄云丰的创业经历和那个年代的大多数义乌人一样。他初中毕业在生产队参加劳动，然后跟着村里人赴江西等地敲糖换鸡毛，之后又到福建、湖南摆地摊。黄云丰年轻时候特别喜欢看电影，看到《上海滩》就去了上海。看到《南昌起义》就去了江西，漫无目的地跑，好几次被当作投机倒把分子抓走。后来在义乌新马路市场有了自己的摊位，就从广东、石狮批发货物到义乌销售。1986年转型搞实体，开了一家时装厂。因为黄云丰吃苦耐劳，经营得当，所以他的生意越做越好，企业规模不断扩大，他成立了老人头服饰公司，并成为行业龙头之一。经过十多年的奋斗，黄云丰的服装公司立足义乌，辐射上海及欧美许多国家。2003年，他走出国门，在非洲安哥拉开办建筑材料企业。

创业40年，黄云丰经历了四次转型，国内经商、办厂、走出国门、服务"一带一路"，幸运的是，黄云丰的每一次转型都走在了政策前面，而且转型一次成功一次。

（一）一见钟情安哥拉

2003年，国内服装行业出现了萧条的迹象，品牌优势也渐渐淡化。黄云丰就想趁企业还有活力走出国门去看看。在赴欧美、中东、非洲等地考察时，黄云丰踏上了安哥拉的国土，发现了这片战后正待开发建设的热土。如图7-1所示。对于安哥拉这个国家，黄云丰真的可以用一见钟情来形容。

图7-1　黄云丰在安哥拉

安哥拉位于非洲西南部，西面濒临大西洋。这个国家以农业与矿产为主，地大物博，未开发的资源十分丰富，沿岸蕴藏了超过131亿桶的石油，内陆还有钻石出产。它的经济潜力巨大，极有可能成为将来非洲最富裕的国家。当时安哥拉刚刚结束长达 27 年的内战，实现了全面和平，国家百废待兴，急需大量的人力、物力支援建设。国家也非常支持外企入驻，尤其欢迎中国企业加盟。黄云丰就是在那个时候进入安哥拉，成了一名幸运者的。后来，黄云丰索性把公司命名为"幸运人集团"。如图 7-2 所示。

图 7-2　黄云丰的幸运人国际

初到那里，语言不通，一开始主要靠打手势交流，但很多时候，打手势对方根本理解不了，黄云丰急，对方也急，后来就请了一名专职翻译。生活了两年后，2005 年，黄云丰开始在安哥拉投资。企业初创阶段，由于对当地法律不了解，黄云丰也走了不少弯路，花了不少冤枉钱。他先后创办了石棉瓦厂、彩钢瓦厂，从国内浙江、重庆、江苏、安徽等地采购原料或者半成品，运到安哥拉后生产成品销售。一个厂赚了钱，办第二个厂，企业像滚雪球一样越滚越大。凭着诚信为本的经营理念，黄云丰的建筑企业快速扩张，十多年时间，黄云丰在安哥拉办起了防盗门厂、海绵厂、床垫厂、乳胶漆厂、彩钢瓦厂、石棉瓦厂、砖厂、腻子粉厂、石膏板厂、制桶制罐厂、化工色浆厂、PVC 扣板厂、PE 管子厂、胶泥厂以及各种粮食加工厂等 16 个工厂，并很快发展成为"幸运人集团"。

目前，黄云丰在安哥拉首都罗安达工业园区已经拥有了 0.22 平方千米土地，有员工 600 多人。除了管理层，就业以当地人为主。这么多年来，黄云丰工厂的员工几乎没有人跳槽。黄云丰为路途较远的员工安排住宿，即使附近的员工，厂里也为他们提供一日三餐，员工到厂里先吃早餐，吃饱了再上班，下午下班也是吃了晚饭再回家。黄云丰的理念是，只要把员工的生活安排好了，人员也就稳定了。老板善待员工，员工就不会离开你。

非洲是登革热、疟疾等蚊媒传染病高发区。在非洲，每一分钟就有一名儿童死于疟疾。疟疾患者多呈现高热发烧症状，由于早期迹象与流行性感冒相似，许多对该疾病不熟悉的外来旅游者容易将疟疾误认为感冒，从而没有及时地治疗，使病情恶化。如果不在 24 小时内治疗，恶性疟疾可能发展成重症疟疾，并且往往致命。疟原虫生活周期具有很明显的生理节奏，这使病患的发烧症状呈现周期性反复的特征。登革热则是登革病毒经蚊媒传播引起的急性虫媒传染病。典型的登革热临床表现为起病急骤、高热、头痛、肌肉骨关节剧烈酸痛，部分患者出现皮疹、出血倾向、淋巴结肿大、白细胞减少、血小板减少等。2016 年，黄云丰得过四次疟疾，一次登革热，幸好治疗及时，没有出现更严重的状况。

（二）结缘农场

在经历了全球大宗商品价格低迷，尤其是石油价格低位徘徊之后，曾经以石油出口为支柱产业的安哥拉也在寻求经济多元发展。安哥拉国土面积有 125 万平方千米，可耕种土地面积达 35 万平方千米，占了整个国土面积的四分之一。气候也非常适宜农业生产，尤其适合机械化操作。但由于基础薄弱，安哥拉的粮食常年依赖进口，光粮食进口一项每年就要 50 亿美元，所以解决吃饭问题的农业，受到了安哥拉政府的高度重视。在安哥拉经商办厂的过程中，黄云丰经常思考一个问题：要是在安哥拉可耕种的 35 万平方千米土地上全部种植粮食，按照亩产 500 公斤计算，可以生产粮食 2.5 亿吨，与此同时，以农业为基础的食品加工、养殖业如果得到很好的发展，安哥拉农业就会发展成一个产值超过 1 500 亿美元甚至更高的产业，还能促使安哥拉成为非洲乃至世界的粮仓。为何不通过现代科学技术来促进农业开发，助力安哥拉破解粮食短缺难题呢？经过慎重考虑，一个在安哥拉建设大型现代化农场的思路开始在黄云丰的脑海里形成。如图 7-3 所示为此，黄云丰专门组建了一个专家团队进行了大量调查研究。

图 7-3　农场的现代化灌溉

2015 年 10 月，黄云丰完成了初步可行性研究，计划将木薯种植和加工作为"幸运人集团"今后发展的转型方向。木薯经济价值高，国际市场需求旺盛。世界上有 2 000 多种食品、药品、化工产品的辅料含有木薯粉，中国国内对木薯粉的需求也在迅速增长，而安哥拉的这片土地为种植木薯提供了良好的自然环境。

黄云丰的设想得到了安哥拉政府的大力支持。2016 年 3 月 9 日，安哥拉农业部第一副部长接见了黄云丰。农业部对黄云丰打造巨型农场的计划非常赞赏，认为此计划可推动农业大发展，有助于解决民生问题。

随即，黄云丰跑遍了安哥拉全国 10 多个省份，最终在马兰热市东北方向 100 多千米的一个叫卡翁博的地方，找到了一个理想区域。这里地域辽阔，气候适宜，土壤肥沃，有 1 000 平方千米的土地可以连片开发耕种。

在安哥拉农业部的支持下，3 月 23 日，马兰热省省长诺贝尔托·多斯桑托斯把黄云丰请到了他的办公室，就土地等事项进行了落实部署。2016 年 5 月，黄云丰组建的先期开发团队，进入卡翁博，并立马采购了世界上最先进的机械设备，开始了如火如荼的开荒种植工程。

（三）打造非洲最大农场

黄云丰把农场取名为"登盈农场"。如图 7-4 所示。登盈农场除了主打种植木薯外，还种了 1 万亩各种水果。现已培养种植了 4 平方千米的荔枝、桂圆、石榴、火龙果、三花李、砂糖桔、橙子、台湾青枣、葡萄、猕猴桃、无核黄皮、百香果、莲雾、沙田柚、西瓜、甘蔗等 30 多种中国优良的水果品种。农场内，2016 年 10 月种植的大多果树现在正处于成长期，其中台湾青枣、百香果、西瓜、木瓜、香蕉、当年就有收成。目前，登盈农场整个开发种植面积已经超过 10 万亩（约等于 66.67 平方千米），农场从除草、播种、施肥、喷灌、收割到木薯粉生产加工，全部实现了机械化。2016 年 11 月，诺贝尔托·多斯桑托斯率马兰热省政府部门一个百余人的考察团到农场视察，看到长势喜人的木薯，官员们对登盈农场的高效率表示赞赏，并承诺省政府将为农场开发和项目发展给予大力支持。

图 7-4 登盈农场的农作物

登盈农场火龙果种植园生机勃勃的景象是安哥拉发展农业辉煌前景的一个缩影。登盈农场种植的火龙果为红皮红果肉，味道香甜可口，很受安哥拉消费者欢迎。KERO、SHOPRITE 等当地主流超市与登盈农场签下了收购火龙果等水果的协议，所以尽管产量逐年上升，市场仍然供不应求。

登盈农场种植的农作物均属于高品质高产量品种。其中单株木薯 60 多斤，单株红薯 20 多斤，水稻和玉米亩产均超过千斤。农场不仅帮助安哥拉提高了粮食产量，还传播了农业技术，也让安哥拉人民切实得到了实惠。

与此同时，黄云丰也启动了木薯粉深加工项目。2017 年 5 月 8 日，在安哥拉首都罗安达的幸运人集团工业园内，全自动食用木薯粉商品化生产线正式启动建造。这是幸运人集团投资 2 400 万元人民币，由黄云丰研发的世界上唯一一个把木薯生产成为食用商品的大型生产线，日均生产 50 吨食用木薯粉成品。黄云丰计划再增加 200 台进口拖拉机和全程机械化的农机设备，加速种植进度和再扩大粮食加工厂，预计可达到日处理 500 吨以上成品粮食的加工能力。

2018 年 3 月底，一个年产规模 40 万头猪的养猪场在登盈农场内开工建设。因为安哥拉养殖业还属于空白，安哥拉对肉类食品需求很大，每年需要进口 4 万吨猪肉。

黄云丰在安哥拉所做的一切，也得到了当地政府和中国驻安哥拉大使的关注和重视。2017 年 5 月 13 日，安哥拉总统候选人洛伦索在马兰热省考察了幸运人集团登盈农场。洛伦索对幸运人集团在马兰热投资的登盈农场表示赞许，希望登盈农场在现有的基础上，不断扩大种植面积和农作物品种，大力推广农作物种子和农业技术，帮助安哥拉加快农业发展和经济多元化进程。洛伦索表示，安哥拉对棉花的需求量很大，希望登盈农场能大量种植棉花，满足安哥拉市场的需求。

2018 年 1 月 23 日，就在黄云丰回义乌的前一天，中国驻安哥拉大使崔爱民实地考察了幸运人集团在马兰热省建设的登盈农场。崔大使乘坐拖拉机查看了农场一望无际、长势喜人的木薯、水稻、玉米和各类水果园，并详细询问和了解了各种农作物的种植、生长情况及农场本地化、多元化的经营成果。崔大使在认真听取介绍和实地考察后，充分肯定了农场的发展规划和建设，对黄云丰务实、高效、奉献的精神和精耕细作的管理模式表示赞许。他表示大使馆将继续关注和支持中国企业在安哥拉创业投资，并提供力所能及的帮助。同时希望当地政府继续为外国企业在当地投资兴业提供政策优惠和安全保障。最后，崔大使对黄云丰说："你一定要把你的经营理念和管理模式在安哥拉华人中推广。"

2018 年 4 月 4 日上午，安哥拉副总统德索萨在马兰热省政府官员的陪同下参观幸运人集团登盈农场的农产品。德索萨在详细听取了登盈农场的整体运营、开发规模、农业技术和下一步的种植计划之后感到非常满意，对登盈农场的农产品给予了高度的赞赏。

图7-5 登盈农场收割场景

（四）身在异乡，心系家乡

黄云丰全家都是中共党员，无论在哪个国家，黄云丰的心永远都在中国，在家乡。虽然在安哥拉这么多年，生意上也还比较顺利，但黄云丰从没想过要移民。为了在国外工作的党员能过上组织生活，黄云丰在安哥拉创立了3个党支部，分别是登盈农场党支部、安哥拉金华侨商联合总会党支部、幸运人集团党支部，黄云丰自己担任了安哥拉金华侨商联合总会党支部书记。这些年，实体做大了，黄云丰每年都会拿出利润的一部分用来回报社会。2017年，黄云丰在安哥拉首都罗安达创办了安哥拉中国侨商侨企职业技术学校，培训当地人学技术，方便就业。黄云丰计划2018年在家乡设立一个慈善基金会，让更多的人受到帮助。黄云丰在安哥拉的农场计划6年时间投入12亿元以上，完成150多万亩的种植面积，形成集研发、生产、加工、销售于一体的木薯经济生态链，把登盈农场建设成为非洲最大的农场，预计年销售额将达到70亿元，基本解决安哥拉水果市场的需求。黄云丰的愿景是，通过农场推动农业大开发，为义乌小商品进入安哥拉、进入非洲开辟新的"桥头堡"。义乌小商品价廉物美，在当地非常受欢迎。黄云丰在安哥拉首都罗安达的工厂原材料都是从义乌及周边地区进货的，每年有几个亿的原材料运往安哥拉。在经营生意的同时，黄云丰也计划把中国的婺剧、舞狮团等非遗项目带到安哥拉，让当地居民更多地了解中国文化。安哥拉风景美丽，每天都是蓝天白云，甚至晚上都能看到朵朵白云。这里商机多多，欢迎义乌老乡来安哥拉走走看看，让两地资源共享。黄云丰会把义乌投资信息带回非洲，携手安哥拉金华侨商联合总会的百余名义商，一同报效桑梓。

案例二：第一批从义乌走出去的商人用商贸资源反哺家乡

在义乌国际商贸城五区市场一楼的进口商品馆，王光德的"澳新精品馆"生意蒸蒸日上，他最近还从新西兰进口了两个集装箱的奶粉，正在筹划设立进口乳制品专区，以方便大家选购。国际商贸城五区四楼二单元的宠物（水族）用品市场正式开业后，作为发起人之一的王光德，在经营好自家店面的同时，又在谋划着开设零售专区和进口专区，以此吸引人气。

图 7-6　王光德在国际商贸城五区店铺忙碌的情景

（一）走出去的义乌高材生创客

出生于 20 世纪 50 年代的王光德是中华人民共和国成立后第一批从义乌走出去到国外发展的商人，40 多年后乡音未改，言语间透露着对家乡的热爱之情。1973年，王光德应征入伍，后来转业去了上海。20 世纪 80 年代末，一股"出国潮"兴起。1990 年，王光德告别妻儿，只身去了澳大利亚悉尼，攻读工商管理和机械管理学位。刚来到陌生的国度，王光德没有充足的钱，他就夜间上课，白天打工。经过几年的努力，他考取了澳大利亚机械工程师并成为机械工程师协会会员。他的第一份工作是在橱柜厂当木工。身在南半球，王光德没有忘记"勤耕好学"的义乌精神，他边干边学，一年多后就拿到了木工金牌证书，这是在澳大利亚办橱柜厂的必备条件，含金量相当高。他作为当时的穷留学生，能拿到这本证书不简单。

1993年，一个北京老乡找上门来，希望和他合伙办厂。一年后，他当上了老板，发现做生意并不容易。企业刚起步的时候还没有信誉，所有的原材料购入都要现金支付。当时现金少，王光德经常得跑到厂里交易。当他好不容易拿到原材料，做成产品后，又不知道卖给谁。

眼看着数万元投资要打水漂，他做了一次大胆的尝试，就是拿出所有积蓄，在当地报纸上打广告，果然产品慢慢打开了销路。在他办厂前几年里，所有利润都用来打广告和引进新设备了。

虽然只是一个七八人的小工厂，但王光德坚持严把质量关，做自己的品牌。在他的努力经营下，橱柜厂在澳大利亚慢慢有了名气，当地具有一定规模的房地产公司纷纷找上门来，一口气就订了几百套橱柜。经过一段时间的经营和积累，企业的采购商稳定了，供货商也稳定了，一个电话就能让对方把原材料送到工厂来。尽管如此，一到旺季，接单、送货、上门装配……王光德都会亲自上阵。

（二）情系家乡，他回义乌二次创业

海外游子对祖国的感情比在国内的人更强烈。作为土生土长的义乌人，王光德更是时刻不忘祖国，不忘家乡。当上老板后，他坚持优先雇用中国老乡，积极为在澳大利亚的老乡牵线搭桥。那几年，到澳大利亚考察的老乡多了起来，热心的王光德经常积极参与接待工作。1995年，第一个义乌政府代表团到悉尼考察，他就是接待团的一员。考察团在悉尼推广义乌市场并且发展外贸，在这一过程中，王光德了解到家乡经济社会发展的政策和方向。

图7-7　王光德经营的义乌"澳大利亚新西兰进口商品"专卖店

2000年悉尼奥运会之后，事业稳定的王光德开始频繁回国，每年都到义乌老

家看看，和熟悉的人聚聚，并做出回家乡二次创业的决定。他后宅的厂房，就是当年的政府招商引资项目。2003年，王光德的宠物用品厂动工后，他开始常住义乌，租了国际商贸城的摊位卖宠物用品，主要出口欧洲。凭借着国外的技术和资源，他很快在品种单一的宠物用品行业突围，成为义乌市场的龙头企业。5年后，王光德发现外贸市场疲软，而且工厂不好招人，他开始思考转型升级：为何不避开与老乡的竞争，发挥自己的优势？2010年，义乌大力发展进口贸易，拥有丰富资源的王光德首当其冲，先后在副食品市场和福田市场设立"澳新精品馆"。义乌市场辐射全球，不论是内销还是转口，王光德的生意都越来越好了。

（三）不想退休，要为市场转型出力

经过几十年的拼搏，王光德的创业激情和敬业精神不减当年。经营了10多年宠物用品生意，他对这一行业产生了深厚的感情，他认识到宠物行业看起来小众，但市场蛋糕很大。但是，由于以前行业规模小、经营分散等原因，严重制约了其上下游的发展，需要尽快规范起来。

2016年7月8日，经过王光德的牵线搭桥，国内最具规模的宠物（水族）用品专业市场在义乌国际商贸城五区正式开业，366个摊位已经满铺迎客。同时，2018年的义博会还设立了宠物（水族）用品专区。

如今，宠物用品和进口商品生意已经稳定，王光德更是不求回报地为家乡贡献力量。一方面，他开始发起成立义乌市宠物用品行业协会，谋划着如何让宠物（水族）用品市场更好地对接各类宠物用品展。另一方面，他又努力筹办澳大利亚义乌商会，借助这些年积累的资源，宣传家乡，吸引更多义乌商人和澳洲商人参与双边贸易。经过几十年的奋斗，为何还热衷于这些"不赚钱"的服务？王光德表示现在还不想马上退休，因为离乡的时间太久了，他希望能为家乡的市场繁荣多出一份力。王光德说出了很多义乌商人的心声：希望义乌市场越来越好！

案例三："义新欧"班列的铁杆货主

周旭峰，男，1981年生，籍贯是浙江青田，现任浙江盟德进出口有限公司董事长，西班牙中国青年商会名誉会长。

（一）创客脸谱

1999年跟随父亲到西班牙经商。

2008年创立西班牙中国青年商会，并当选为商会会长。

2008 年在义乌创立浙江盟德进出口有限公司。

2010 年盟德红酒会所在义乌开业（图 7-8）。

2014 年积极参与"义新欧"线路的运营，成为"义新欧"班列的尝鲜者和铁杆货主，把国内商品销往欧盟，再把欧盟商品进口到国内。

图 7-8　周旭峰在盟德红酒会所

（二）创业轨迹

在义乌国际商贸城五区进口商品馆的西班牙商品展示中心，正对商铺门口，摞着一箱箱红酒、一罐罐橄榄油，上面放着的牌子上写着"义新欧：中欧货运专列"。五百多平方米的展厅里处处洋溢着西班牙风情。长着一张娃娃脸的周旭峰对这里的每一件商品都如数家珍，他向我们娓娓讲述他从青田到西班牙再回义乌，再因"义新欧"班列开通而风生水起的生意。

（三）从青田去西班牙

从侨乡温州青田走出国门闯荡的人特别多，周旭峰的父亲就是其中之一。从 1995 年开始，周旭峰跟着父亲学经商，1999 年和父亲一起去了西班牙。

父子俩并肩作战，一步一个脚印，首先在马德里开设了一家大型批发仓库，与此同时还开了 3 家连锁商场，并在中国国内建立了生产基地。短短 10 年间，周旭峰不仅完成了原始积累，还因为其乐于助人，在马德里华人商圈里富有号召力。2008 年，周旭峰创立了西班牙中国青年商会，并当选为商会会长（现任名誉会长）。

2008 年，当时的义乌市政府组团到西班牙考察，就是由周旭峰所在的西班牙中国青年商会负责接待的。通过商会，周旭峰了解到义乌是全世界最大的小商品市场，但现在除了"卖全球"，还想"买全球"，要做大进口商品市场。凭着在海外这么多年的阅历，他十分了解市场情况，国内十分欢迎西班牙的优质产品能进入中国市场。周旭峰说，他对义乌并不陌生，因为他们在西班牙经销的国内产品绝大多数都是从义乌组货出口的，现在听到这个消息，周旭峰想如果能把进出口两端的贸易都做起来，那是最理想不过了。

（四）从西班牙来到义乌

为此，2008 年，他来到义乌考察，发现国内对国外质优物美的消费品有着较大的市场需求。很快，周旭峰在义乌创立浙江盟德进出口有限公司，成为义乌国际商贸城里最早的进口商品经营者之一，做起了双向贸易。2009 年成立了盟德上海分公司，2012 年成立了盟德宁波分公司……以义乌的西班牙商品展厅为基点，几年时间，在江苏、四川、广东、青海等地发展了数十家代理加盟商。

目前，周旭峰每年有三分之二的时间待在义乌，在义乌也有了较稳定的朋友圈。周旭峰现在已把义乌当成第二故乡，主要有四个原因。首先，义乌现在有着进口商品馆这一全国领先的海外商品展示平台。其次，相对于北上广这样的大城市来说，在义乌做进出口贸易的成本相对低廉。再次，义乌发达的物流产业对于非常依赖运输的盟德来说也是一个绝佳助力。最后，义乌在进出口甚至转口贸易方面的政策一直走在全国前列，从国际贸易综合改革试点到"义新欧"班列，一直有好的政策和好的经商环境。周旭峰认为生意要红火，固然与个人的经商能力相关，但更依赖于当地的经商环境，而义乌的经商环境是非常好的。

（五）成为"义新欧"班列铁杆货主

得知"义新欧"班列两端分别是义乌和马德里后，周旭峰兴奋得不得了。他从 2008 年开始做双向贸易时就深感海运的不方便，一直梦想着能有一条经过铁路运输的"丝绸之路"。2014 年，梦想果然成真了，周旭峰毫不犹豫地成为"义新欧"首趟班列的尝鲜者。

首趟从义乌去马德里的班列上有周旭峰 2 个标准箱的义乌小商品，在返程班列上有他从西班牙进口的 16 个标准箱的货物，这些货物主要是红酒、橄榄油等（图 7-9）。

图 7-9　周旭峰企业进口商品展 1

　　"义新欧"班列不光是周旭峰的期望，也是西班牙当地数万侨商的期待，希望义乌小商品能更多地通过这样的方式运到马德里。因为货物走海运，需要 40 天左右，而"义新欧"只要 20 天，时间短了，资金周转也可以加快。如果货物走海运，到了西班牙的港口后，还要再走陆运才能到马德里，陆运成本很高，一个集装箱要 1 000 欧元的运费。而"义新欧"直达马德里，也就省去了这部分费用，对于马德里的商人来说，这是很便利的。

　　为此，第二趟"义新欧"班列，周旭峰就加了量。出去 4 个标准箱，回来 20 个标准箱（图 7-10）。周旭峰说，走第一趟"义新欧"是尝鲜，第二趟是支持，第三趟则是迫不及待了，这一趟一下子运出义乌小商品 28 个标准箱。如今他已与"义新欧"班列的运营方"天盟"签了协议，成为铁杆货主。

图 7-10　周旭峰企业进口商品展 2

周旭峰的货运路线总长度约 13 052 千米，途经 7 个国家，换三次轨，这听起来很不可思议，但他们的货物就是通过如此长途跋涉后顺利运达的，这让他感到十分自豪。随着德国、法国停靠站的设立，他的公司还将加大进口量，如德国的机械设备、工艺品；法国的皮箱、游艇；葡萄牙和摩洛哥的特色商品等。这些都将在不久后，随着"义新欧"班列来到国内。

如今，周旭峰常常在微信朋友圈里晒各种与"义新欧"班列有关的信息。周旭峰等侨商在国外有了强大的祖国做后盾，现在底气都足了许多，同时他们因为能成为国家"一带一路"倡议中的一分子而感到深深的自豪和骄傲。

案例四：新丝绸之路

火车轰鸣代替了驼铃阵阵，这列名为"义新欧"的货运专列满载着"中国制造"，承载着义乌人的梦想，开启了一条横跨亚欧大陆的新丝绸之路。

"当前，中欧货运班列发展势头良好，'义新欧'铁路计划从浙江义乌出发，抵达终点马德里，中方欢迎西方积极参与建设和运营，共同提升两国经贸合作水平。"2014 年 9 月 26 日，习近平在会见来访的西班牙首相拉霍伊时强调。

（一）火车一响黄金万两

西班牙时间 2014 年 12 月 9 日 9 时 40 分，离风尘仆仆的"义新欧"货运专列抵达还有 50 分钟，义乌中远国际货运代理有限公司总经理林辉寰就在马德里相关火车站等候他们公司的货物了。从义乌到马德里一共 41 个集装箱，其中 18 个是他们公司的。这 18 个集装箱装的主要是日用百货，如围巾、饰品、帽子等冬季货物。这是一批送给欧洲小伙伴的圣诞礼物。

林辉寰已经在马德里做了 16 年的贸易。以前，他坐火车来西班牙的时候带来中国的小百货，离开的时候带走西班牙农产品及一些大型机械、卫浴产品、原材料等。在他眼里，义乌不仅卖全球的货，还买全球的货。林辉寰很有信心，全球的货会从义乌走向中国，而义乌的小商品也会从义乌走向全球。时间就是金钱。对于运输成本，林辉寰算了一笔账，国际货运一般走船运，或者走航空路线。一个集装箱如果走船运，从义乌到马德里大约要 35 ～ 40 天，但今后走"义新欧"线最多 18 天。再说空运。现在一个集装箱，平均 22 吨货，从义乌到马德里最便宜也要 40 万元人民币以上。但现在走火车，大概只需人民币 3 万元。

有同样感受的还有从事中亚贸易的义乌市蓝帆进出口有限公司。以前从中亚进口原材料黄铜棒，需要先走铁路，再走海路，最后走公路到义乌。手续麻烦不说，时间拖得也长，公司都不太愿意做。自从听说乌兹别克斯坦到中国义乌通了火车之后，蓝帆公司就试着在义乌海关报了一票，没想到非常方便，不但节省了20多天的时间，手续也简化了不少，其公司经理表示这对企业的吸引力非常大。

"义新欧"开通之前，义乌小商品必须先经公路运输，到宁波和上海等地报关出口，通过海运到达俄罗斯主要港口，再通过俄罗斯腹地城市运至中亚国家。由此下来，商品需要40天左右才能到达莫斯科，50天左右才能到阿拉木图，而通过"义新欧"物流时间差不多节省了2/3。

作为中国铁路"中欧班"成员，"义新欧"国际铁路集装箱班列是中国东部沿海地区通往欧洲的第一条国际铁路联运物流大通道，也是世界上最长的火车运输线路。它从浙江义乌铁路西站始发，从新疆阿拉山口出境，途经哈萨克斯坦、俄罗斯、白俄罗斯、波兰、德国、法国，终点为西班牙马德里市，全程13 052千米，途中时间约为21天。

"义新欧"为客户提供了一种门到门的货运方式，让国际贸易的运输多了一种选择。目前，"义新欧"每周一班，周末开行。全车共82个集装箱全部载满，既有发往中亚的货物，也有发往欧洲的货物。同时，"义新欧"班列还从中亚和欧洲回载货物，平均每月两次。

（二）"铁路转关"为"义新欧"提速

市场流通关键在于"通畅"二字。"义新欧"国际集装箱专列自2014年1月开通中亚线路开始，杭州海关专门为其开通了"铁路转关"模式，旨在打通这条小商品出口的"新丝绸之路"。

目前，义乌海关先后与阿拉山口、霍尔果斯等口岸海关建立小商品便利转关联系合作机制，并为"义新欧"国际集装箱专列提供优先查验及快速进场等差异化服务。义乌铁路原来是转关，海关在义乌这边有个查验，到口岸可能还要进行查验。但现在义乌海关与阿拉山口签订联合配合办法，施行一次查验。义乌海关专门成立了铁路工作组进驻义乌火车西站，开辟了专门的监管场所，为铁路转关业务开辟"绿色通道"。这意味着在义乌数分钟就可完成报关，不需要再到阿拉山口、宁波或上海报关。越来越多的外国商人选择直接到义乌进行采购。与此同时，义乌海关还进一步加大了对"义乌—北仑"铁海联运专列的支持。该专列的推出为义乌小商品出口打开了一条新通道，将"海上丝绸之路"从港口延伸到了义乌。

"铁路报关"给企业带来了极大的便利。义乌市宏盛报关代理有限公司原本只能从宁波报关，光是寄材料来回就要三四天。现在，也许几分钟就能完成报关，这一便利的报关手续加快了公司的发展，其总经理接手的报关单从最初的五六十单增至现在的上百单，报关金额达数千万美元。

如今，小商品出口欧亚相关国家，在义乌完成报关后，通过"铁路报关"新模式，7天后抵达阿拉山口海关，一般12～16天就可以出现在阿拉木图（中亚第一大城市，哈萨克斯坦金融贸易中心）的超市里，21天即可摆上西班牙马德里的货柜。

现在，义乌太平洋货代有限公司经理刘丰贤每天都能接到上百个电话咨询，他不夸张地说，自欧洲班列发出后，每天都有上百个电话向他及其公司的人咨询，既有欧洲外商，也有做货代的同行。刘丰贤表示，2014年运输的货物量已占到"义新欧"铁路线运量的一半以上。2014年就有1 300个标准箱运上"义新欧"，其已经涉足欧洲段的铁路运输。"义新欧"还给途经国家的华商带来了新商机。义乌盟德进出口有限公司总经理金海军说，他的西班牙浙商朋友正打算承包马德里至西班牙其他城市的物流。

（三）全球客商"聚焦"义乌

随着"义新欧"的全线开通，周边城市不少货代公司开始进军义乌，掘金新丝绸之路。宁波海联捷铁国际物流义乌分公司经理朱利荣表示，他们把铁路与公路、海运做比较，还向已经尝试走"义新欧"的同行打听情况，发现"义新欧"前景可观。2014年7月，宁波海联捷铁国际物流公司经前期调研之后，在义乌开设分公司。在这之前，这家公司通过宁波海运，运的都是义乌小商品。只是以前因为运输和报关方式的限制，才将公司开在了宁波。落地义乌两个月后，这家公司铁路走的货有近100个标准箱。现在，有约30%的运输量从宁波公司流回到义乌并走铁路。此外，还有20%～30%的新增业务。看到这一势头，朱利荣打算招兵买马，扩大阵容。

现在，除了宁波外，不少周边城市（包括绍兴、湖州、杭州、嘉兴甚至上海和广东等地）的货代公司都对"义新欧"表现出了浓厚兴趣，计划转战义乌。除了境内的货代公司外，外商也在回流义乌。

哈萨克斯坦商人依力哈尔从事跨境贸易十余年，主要把义乌的艺术品、梳子和发夹等小商品卖到哈萨克斯坦、塔吉克斯坦等中亚国家。2010年，他关掉了在义乌的办事处，转到乌鲁木齐采购。虽然那里的小商品选择余地小，但物流便利许多。2014年8月，依力哈尔在阿拉山口亲眼见证了"火车上的新丝绸之路"，于是他开始联系"老搭档"——义乌太平洋货代有限公司经理刘丰贤。2014年11月，他回到义乌重开办事处，在义乌采购的两个集装箱的陶瓷艺术品就是通过"义新欧"列车运到哈萨克斯坦进行销售的。

"义新欧"中欧班列的开行是义乌市国际贸易综合改革试点以来的成果之一，也是义乌乃至浙江融入丝绸之路经济带和21世纪海上丝绸之路国家战略规划的重要平台。随着"义新欧"中欧班列的运行，义乌着力建设的"丝路新区"和"陆港新区"大平台，将为这条国际贸易线路的发展增添全新助力。

案例五：张吉英的国际朋友圈

在义乌国际商贸城"星宝伞业"SOHO版店铺里，一面挂满老板娘张吉英和不同国家采购商合影的"微笑墙"特别惹眼。不止这些，她的手机里还有3 000多张与外商的合影。张吉英有两个微信，一共7 000多个好友，其中外商有4 000多人，遍布全球100多个国家。

张吉英是绍兴上虞人。20世纪90年代，她和家人来义乌创业，开始"前店后厂"的摆摊生活。张吉英守着摊位，丈夫管理工厂。因为不懂外语，她只能通过按计算器和外商确认价格。义乌市场外向度逐年提升，她的外贸生意越做越大，她不仅注册了公司，还在市场拥有两个店铺，日子过得充实而滋润。5年前，"一带一路"倡议提出后，张吉英开始重新思考自己的家族生意。她说，伞以前只是挡雨遮阳的工具，现在还是时尚配饰，做生意自然不能一成不变。于是，她决定到国外注册商标，抢占中高端市场。在参加土耳其、阿联酋、罗马尼亚等"一带一路"沿线国家和地区举办的展会时，她结识了法国巴黎的一个设计团队，双方达成了战略合作。第一个委托的业务就是该公司的海外宣传形象设计。

图7-11展示了张吉英店铺中各种各样的雨伞。

图7-11　张吉英店铺中各种各样的雨伞

粉色的天空下，一个时尚女郎撑着伞，漫步在林立着大本钟、埃菲尔铁塔等著名建筑的城市街头——全新的品牌形象RST（Real Star）启用后，进店采购的外商不断增多，结构也发生了变化。多数外商认可这种好记又好看的国际范儿品牌，并且来自俄罗斯、乌克兰、波兰、德国、意大利等国的客商明显多了起来。在张吉英看来，这与"一带一路"倡议被越来越多国家的贸易商所了解和认同有很大关系。

随着张吉英的国际朋友圈越来越大，她组建了研发设计团队，每年申请100多个图形等专利。她拿出一沓设计图告诉记者，这是法国团队4月送来的设计，很多新款产品已经热销全球。前不久，一位英国客人联系张吉英，希望能在伦敦开一家"星宝伞业"的专卖店。张吉英已经把新店的设计方案发过去，目前正在洽谈合作事宜。"义新欧"中欧班列已经开到伦敦，来义乌采购更方便了。

案例六：冯旭斌的潮流"义新欧"

选择走铁路，运输时间比海运能缩短一半以上，运输费用远低于空运，性价比明显更高。一列列往返于欧亚大陆的"义新欧"中欧班列正是义乌主动参与融入"一带一路"建设的鲜活例证。中欧班列义乌运营方——天盟实业投资有限公司董事长冯旭斌表示，数年前就希望用铁路将义乌商品运去欧洲，这个想法在"一带一路"倡议的推动下顺利实现。

自从首趟中欧班列（义乌—马德里）成功发车以来，中欧班列（义乌）已开通至伦敦、布拉格、莫斯科等9个方向的线路，实现了双向常态化运行。图7-12为中欧班列（义乌—莫斯科）"圆通号"首发从义乌启程。截至2018年7月底，中欧班列（义乌）共往返460列，其中2018年往返数量已达到156列，共发运13 772个标准箱，同比增长101.5%。随着开行次数增多，中国义乌商人与沿途国家和地区、机构衔接配合得越来越好，走"义新欧"班列的货物也多了起来。

图7-12　中欧班列（义乌—莫斯科）"圆通号"首发从义乌启程

浙江和德进出口有限公司负责人张坚平就是中欧班列的忠实粉丝。铁路运输为进出口货物提供了一个高效、安全、实惠的新通道。近期，他在和总经理商量增设一条途经阿塞拜疆的线路，这样公司从当地进口石榴酒也能享受到中欧班列的便利。张坚平说，在义乌做进出口贸易得天独厚，不仅有中欧班列，还有铁路口岸的铁海联运、义乌港的公海联运以及航空口岸即将开通的货运航班等。

贸易的畅通离不开发达的物流。近年来，义乌积极开辟跨区域物流通道，加快拓宽内陆开放通道，"无中生有"创造了一个多式联运、辐射全球的国际陆港，为构筑"买全球、卖全球"贸易新格局奠定了基础。设在义乌国际商贸城五区的义乌中国进口商品城就汇集着全球 100 多个国家和地区的 8 万余种特色商品，是海外产品进入中国市场的重要平台。

案例七：海外仓将义乌市场搬出去

2016 年 3 月 24 日，义乌跨境电商领军企业浙江雷鸟供应链有限公司（简称"雷鸟云商"）召开了"2016 布局海外仓"媒体发布会。据了解，雷鸟云商是义乌最早从事"海外仓"建设的民营企业。

从电商转型海外仓，义乌的跨境电商面临着与其他地方一样的发展问题：国际金融危机爆发，散货拼柜成外贸主流；赊账风险增加，被骗货频频发生；汇率波动太大，出货后结算常亏本；各项成本上升，资金压力大……在传统出口模式下，跨境电商在货物出关后，要经过外国进口商、外国批发商、外国零售商三个中间环节才能到消费者手中，中间环节往往提价两三倍，渠道一直牢牢掌握在外国贸易公司手中。不仅如此，义乌商户担心的还有骗货的情况。前几年骗货频繁发生，虽然在当地警方的努力下这几年骗货情况得到改善，但是依旧时有发生。市场逐渐陷入一个悖论：在避免被骗货的同时，排挤了也一些真正想做生意的外商，这导致他们业务量无法做大。海外仓的建设将会大大解决跨境电商的种种痛点，也可以保障市场经营户大宗交易的货物安全。对于传统外贸出口型企业而言，通过跨境电商海外仓，企业能直接绕过出口贸易中间环节，生产商通过网络平台直接与国外采购商面对面接触。

商户把货物运送到海外仓，外商只有交纳货款才可以提货，这样不但货物无忧，避免骗货，而且对外商来说可以节约资金流，不用一次性支付货款，可以分批支付分批提取，这就意味着把义乌国际商贸城整座市场"搬出去"，在世界各地落成无数个小型的义乌市场。

海外仓不只是简单地在国外租一个仓库，而是展示品牌、售后、咨询甚至维修服务的重要窗口。海外仓储的最大优势在于可以有效缩减物流时间。从前，每件商品从国内发出到欧美大概要一个月左右。但因为各国清关政策不同，经常出现物流时效无法保证的现象，有时客户拿到产品要两个月以上。以圣诞节为例，全球六成的圣诞饰品都来自义乌，外国商客往往要提前半年来义乌采购。如果采用海外仓储，就可以按往年同期销售或者销售预计来预算未来一段时间的销售量，将部分货物提前发至海外仓库，从而有效缩短了物流时间，缩短了外商的采购时间。未来，在有效利用海外仓的基础上，这个货物流转过程将被大大缩短。

近年来，义乌市积极鼓励市场经营户拓展跨境电商，支持有实力的企业到跨境电商主要出口市场设立海外仓。这让"雷鸟云商"有了难得的发展机遇。据悉，目前雷鸟云商的第一个海外仓已经在巴林投入使用。依托义乌强大的小商品市场、有力的政策引导，雷鸟云商与当地小商品市场展开战略合作，现在已有相关 2 000 多个供应商顺利入驻。

两年来，"雷鸟云商"已在德国、乌拉圭、埃及等国家设立 10 个公共海外仓。雷鸟云商总经理陆勇对市场很有信心，未来几年计划在全球重点城市布局 100 个公共海外仓。所有商品都能进入海外仓，实现整进散出、散进整出等拆拼柜配送，降低物流成本，缩短订单周期，增强用户体验。雷鸟云商能够为跨境电商提供完善的电商物流体系和境外管理服务，国外客户网上下单，海外仓马上发货。反之，进口商品在国内也能次日到达。

依循"市场采购贸易 + 海外仓"的发展模式，仅去年一年，义乌就已有 17 家跨境电商企业在海外设立了海外仓，仓储涵盖美国、澳大利亚、德国、西班牙、俄罗斯等国家，服务范围覆盖了世界各地，尤其是"一带一路"以及"义新欧"沿线国家，为义乌跨境电商发展奠定了良好的基础。对于义乌而言，海外仓不仅是义乌市场走向全球的分站点，还是全球商品走进义乌的根据地。作为有效的海外集货平台，海外仓的作用不容小觑，未来也必将成为全球跨境电商的竞争高地。

案例八："一带一路"带来的水晶世界

"一带一路"倡议的底色是包容与合作，目的是发展和共赢。近年来，义乌紧抓"一带一路"发展机遇，不但内外贸双双走高，而且进口市场日益红火，呈现出了良好的发展势头。尤其是 2014 年，首趟"义新欧"中欧班列（义乌—马德里）从义乌启程，为义乌市场增添了全新的出口通道。目前，义乌已先后开通 9 个方向的国际货运班列，辐射 33 个国家。千里之行，始于足下。在义乌市场有一大批活跃在"一带一路"沿线国家的商户成为贸易使者，向世界推介"中国制造"，又将优质的洋货带回国内。

2018 年 7 月，满载着价值 500 万美元的汽车配件、水晶、啤酒和其他捷克特色农产品的首辆从捷克首都布拉格发往中国义乌的中欧班列顺利启程，这些商品将依托义乌市场优势分销至全国。

徐正国的部分捷克水晶玻璃器皿就搭乘这趟列车从捷克直奔中国义乌的中国进口商品城"捷克水晶馆"。徐正国是专业的捷克水晶玻璃器皿经销商，与捷克水晶打了 7 年多的交道，馆里陈列着上万个品类的捷克水晶日用器皿。徐正国用"专业"替代"贸易"来形容这些年自己与这些水晶器皿之间的关系。

徐正国每年至少会去一趟捷克，去跟那里的厂家谈生意，最要紧的是联络感情。在与捷克的生意往来中，"中国人"这个身份也在无形中给了他很多支持。中国和捷克的友好关系使民众之间的认同感也很好，经过这些年的沉淀，捷克水晶产品已在国内众多城市获得了很好的销售额和口碑。

徐正国的进口生意是一根线，一头是中国义乌，另一头是捷克。因此，他比许多人都更期待"义乌—布拉格"中欧班列的开通。徐正国的水晶产品搭乘这趟班列途经波兰、白俄罗斯、俄罗斯、哈萨克斯坦，由阿拉山口入境，最终抵达目的地中国义乌，全程运输时间约 16 天。如果是海运，这个运输周期也许是 50 天。缩短的运输时间对进口贸易而言是更多的市场机会，对他而言，还是一种与商品进口国的"切近"感。2018 年，他有 10 个货柜的捷克水晶产品陆续到达他所在的义乌中国进口商品城，这些产品都是他为下半年的销售旺季准备的新产品。

中国进口商城捷克水晶馆采用的是批零兼营的方式，国内的消费者在这里几乎可以以批发价买到水晶产品。例如，一个水晶玻璃红酒杯，徐正国的售价是 30元人民币，比捷克当地还实惠。他表示愿意通过这种十分薄利的方式当捷克水晶在国内的使者，更愿意做深做专，当这一行业的专家。

案例九：义乌国际商品进口馆的"欧品汇"

1993 年，刘建波远渡重洋到意大利做生意，这一走就是 20 多年。此前，他一直从事出口贸易，将国内的服装、电子等产品销往意大利及周边国家。2015 年，刘建波带着意大利当地的日化用品回国，在义乌开辟"欧品汇"馆。

虽然意大利有世界顶级的服装品牌，在化妆品、饰品等领域做得非常不错，但是刘建波最终还是选择了日化用品。在这个精明的商人看来，日化用品的品牌代理成本、保质期、消费属性等各个因素都让人比较满意，他从中嗅到了商机。

2015 年，刘建波的"欧品汇"成立。只有 100 平方米左右的展示厅，第二年就已无法满足不断扩张的展示需求。他陆续从意大利日化品牌企业拿下了 13 个品牌代理，产品线不断丰富，销售量倍增。2018 年，"欧品汇"的展厅扩大道 800

平方米（图 7-13），"欧品汇"日化超市也在全国 10 多个城市落地营业。

图 7-13　义乌国际商贸城五区"欧品汇"

然而，"欧品汇"的迅速走红让一个意大利品牌商看到了中国市场的潜力，他提出要重新约定代理条件，这让刘建波意识到没有自主品牌的被动。他帮助意大利品牌打开中国市场却遇道这样的事情，刘建波心不甘，但他很快想出了对策——在意大利注册品牌 DISHILIN，并联系意大利品牌日化工厂为品牌贴牌生产，采用意大利的原材料、工艺，生产纯正的意大利产品。与其他代理品牌不同的是，这是一个属于刘建波自己的品牌。

目前，DISHILIN 品牌已研发生产了管道疏通液及洁厕剂两款日化用品，其中管道疏通液平均月销量超过 5 万瓶，是当之无愧的明星产品。刘建波表示，目前他在意大利的日化展示厅正在装修，4 500 平方米的展厅里不仅展示他的自主品牌产品，还展示优质的"中国制造"。这件事情让他明白品牌的可贵，他相信好产品、好品牌无国界，同时希望 DISHILIN 可以畅销意大利，也希望更多"中国制造"可以通过他的展厅销往意大利甚至更多国家。下一步，刘建波将继续创牌甚至收购当地工厂。他还有一个心愿，希望中国义乌与意大利之间也开通一条中欧班列，这趟班列缩短的不仅是货运时间，还有意大利和中国义乌之间的距离。

案例十：中国风玩偶从义乌港走向世界

义乌港作为"一带一路"的重要支点，依托义乌中国小商品市场的独特优势，每年出口的货物量占义乌出口总量的 58%。每天上午 9 点，义乌中国小商品城都会迎来八方客商。

虞玲利的摊位在义乌中国小商品城一区市场三楼，凭借 25 年的经营经验和累积的信誉口碑，前来采购的客商络绎不绝，差不多每天都有来自巴西、泰国、印度、智利、日本以及韩国的客户。

虞玲利店里的中国风玩偶（图7-14）已经卖到了欧洲、拉丁美洲、东南亚等几十个国家和地区。

图7-14 虞玲利店中的中国风玩偶

案例十一：打造义乌产品出口的"工厂到家"模式

"一手货源，省去中间商，商品从工厂直接送到家……"这些话是不是听着有些耳熟？这是一些私人定制产品的销售模式。在互联网时代，基于快速的物流配送机制，这种销售模式已成为可能。

这几天，义乌商人陈玲玉正在四处招商，她做的也是"工厂到家"，不同的是，她瞄准的是美国市场。她要打造的这个"工厂"也不是传统工厂，而是一个以义乌为中心，覆盖全国各行各业的"工厂集群"。

（一）不甘心话语权在外国人手中

陈玲玉是浙江宝加日用品有限公司董事长，今年58岁的她是老一代义乌商人的典型代表。她从篁园市场起家，十几年的摸爬滚打让她积累了财富，也积累了丰富的商业经验。陈玲玉主要经营湿巾、拖把等日用品，在义乌有自己的工厂，曾与沃尔玛等国外大型连锁超市合作。虽然"出道"很早，但陈玲玉身上依然保持着义乌商人的特质，喜欢琢磨产品和市场。除此之外，她还有一大爱好，喜欢天马行空地思考，琢磨"商道"，如企业在互联网模式下该如何发展；在国家提倡跨境电子商务的当下，义乌企业应该如何更好地走出去。

多年的经商生涯让她养成一个习惯——每年的法兰克福海外展、芝加哥居家用品展等，她都要去现场看一看、转一转。一来寻找客户，二来收集商业信息。这几年，随着很多出口产品越来越微利，她一直在思考一个问题：如何被国外中间商的利润拿回来？

著名经济学家郎咸平举过一个中国企业生产芭比娃娃然后卖到美国的故事，说的是很多"中国制造"在全球贸易产业链中处于低端、微利，而美国贸易商则占了利润的大头。对此，陈玲玉也感慨良多。她用一包自己经营多年、打着德文和英文字母标志的湿巾举例，她卖给德国中间商的价格是 0.3 美元一包，她的利润大约是 5%～8%，每包折算成人民币也就赚 1 角钱左右。但这件产品再被德国中间商拿到当地酒店、商场销售，售价 3 美元一包，他们的利润高达 900%。除去广告费、营销费，中间商还能大赚一笔。因为义乌当地有很多厂家都是采用这样的模式，吸引了许多外国客人。客人生意做大后，因为这些外商掌握着销售渠道，所以就要求义乌厂家贴牌生产，像陈玲玉这样的厂商只能赚取微薄的利润。不单是义乌，很多中国制造企业都面临这个问题——帮别人代加工、贴牌，辛苦的是中国企业，赚钱的是国外中间商。像这样的厂家赚得少，还没有话语权。出国考察、跟外国人做生意时，陈玲玉时常在考虑这个问题。如何改变现状？最终，她想出了"工厂到家"模式。这不是她一时拍脑袋的想法，从考察到调研，再到付诸实践，她用了三年。

（二）在美国注册商标，到洛杉矶建 2 000 平方米的商场

陈玲玉要打造的"工厂到家"模式有别于传统零售企业的"工厂到家"，她想组建一个企业出口集群，把大家的产品打包去美国销售，拿回本属于制造商的那部分利润。她在美国注册了一个商标"Factory to Family"，翻译过来就是"工厂到家庭"的意思。陈玲玉想建的是一个综合性贸易平台，仓储和商场贸易相结合，再利用美国发达的线上交易和线下物流配送体系，吸引客户直接到自己的工厂产品展示中心采购，或通过线上下单，将产品直接配送到客户家里，以此来打通整个销售渠道。

目前，陈玲玉在洛杉矶拥有一个 2 000 平方米的商场和一个 10 000 平方米的仓库。这个商场位于洛杉矶市，不远处是一家美国 Bestbay 商场，她曾带领不少义乌企业主前往当地考察。她的下一步计划是在休斯敦建立一个 160 000 平方米的仓库和商场销售中心。

她设想中的"工厂到家"模式是集合很多个工厂的优质产品。作为运营商，她到企业采购产品，然后提供这些企业和产品进入美国的落地平台，包括仓储、商场展示中心。将中间商的利润削除，让产品的话语权更多地掌握在制造商手中。有这样想法的不只陈玲玉一人，据她介绍，之前也有义乌商人尝试在美国休斯敦等地建立"义乌商城"，虽然投入巨额资本，但因为招商问题最终没有成功。她的"工厂到家"模式就是想改变传统的建商城、租摊位模式，建立一种将产品利润更多让利给消费者的销售模式。

（三）企业抱团走出去，共用平台参与海外竞争

2016年，李克强在政府工作报告指出，"鼓励商业模式创新，扩大跨境电子商务试点，支持企业建设一批出口产品'海外仓'，促进外贸综合服务企业发展。"在这一政策背景下，义乌跨境电商快速发展，让不少企业纷纷谋划建设"海外仓"。

陈玲玉说，她的"工厂到家"模式不同于一般的"海外仓"，而是为工厂和企业搭建海外的展示、销售、仓储平台，或者直接采购工厂的产品，集中出口。陈玲玉的产品集中发运到美国，不需要中间商渠道。比如湿巾，她采用自己的商标，卖1美元一包，比美国中间商卖得便宜，但她能拿到的利润却比以前多得多。现在，国家提倡企业去产能、去库存，号召广大企业走出去，发展跨境电子商务。这是一个契机，他们要抱团走出去。陈玲玉表示，相比国内企业直接到美国建立的"海外仓"，他们是工厂采购，所有产品一起发运，共用海外仓，价格、物流、仓储成本都会更低廉。对美国贸易商而言，相比到中国，他们进入"工厂到家"商场，同样能采购到中国工厂直接配送的产品，还不用担心物流配送、仓储等问题，可以加快资金周转率，从而降低经营成本，一举两得。

这种模式吸引了义乌部分企业主的关注，有20多家企业与陈玲玉签订了合作意向，义乌市魅蔻珠宝有限公司就是其中一家。负责人王慧婷说，公司产品主要出口欧美国家，她也经常要飞美国，通过参加拉斯维加斯礼品展等方式拓展贸易，借用亚马逊等跨境电商平台做批发和零售，出口的产品使用的也是亚马逊的仓库。入驻"工厂到家"，能让仓储费降下来，一些美国客户可以直接去"工厂到家"商场选货、提货，也更方便，王慧婷觉得这个模式值得一试。作为义乌本土商人，她希望有更多的优势参与海外竞争。

案例十二：义乌小商品在俄罗斯遇新商机

2013年，乌克兰危机爆发后，欧美国家相继宣布对俄罗斯采取一揽子制裁措

施，而俄罗斯也启动反制裁措施，这势必会加快俄罗斯进出口贸易的重新布局。同时，俄罗斯作为中国义乌小商品第三大出口国，扩大对俄贸易已经成为义乌商人近期的外贸突破口，而欧美对俄制裁将成为中国义乌小商品对俄罗斯出口的催化剂。

（一）欧美对俄制裁加码，在俄义商抓紧组货

2014 年 9 月 11 日，刚从俄罗斯回国的义乌商人傅萧海，正在为俄罗斯顾客订购的圣诞产品组货。再过几天，这批货就要通过海铁联运发往莫斯科，以迎接当地的东正教圣诞节。

傅萧海是一位在中俄贸易中活跃多年的义乌商人，对俄罗斯当地市场了如指掌。2006 年，他从义乌来到莫斯科从事圣诞用品国际贸易，到 2014 年已有 9 年时间。近年来，依托小商品高性价比的优势，义乌已成为新兴市场极为重要的小商品进口市场。

据傅萧海介绍，从乌克兰危机爆发，欧美国家对俄罗斯实施的一系列制裁无疑是中国义乌对俄罗斯出口的一大利好，一些从事国际贸易的义乌商人已经开始加大对俄罗斯的出口贸易。而随着制裁范围的扩大，很多俄罗斯客商开始寻求新的进货渠道以避免损失，义乌作为全球最大的小商品集散地自然吸引到不少俄罗斯客商前来采购。

2014 年，俄罗斯客商采购圣诞用品的日期比往年提前了半个月左右，采购量也高于往年。但由于俄罗斯客商担心欧美加大制裁力度，所以在义乌市场的采购力度明显加大。以前傅萧海每个月走一个货柜，现在需要走两个货柜。同时，傅萧海感慨道，2014 年申请俄罗斯签证的审批速度特别快，从发邀请函开始算，一周时间就能拿到签证，而在往年，没有一个月的时间根本办不下来。签证时间缩短了，对于从事中俄贸易的傅萧海来说，无疑方便了许多。据介绍，当时在莫斯科做国际贸易的义乌商人有 100 人左右，他们主要从事化妆品、服装、针棉、水暖等相关产品的批发销售。

（二）卢布贬值、产品利润下降波及对俄运输渠道

2014 年 1 月～7 月，经中国义乌海关出口俄罗斯的货值达 17.6 亿元，同比增长 4.3%，增长势头十分强劲。义乌海关分析人士认为，下半年，义乌对俄出口有望加速增长，对俄贸易值得进一步期待。对于像傅萧海这样专门从事对俄贸易的中国商人来说，因制裁与反制裁导致的卢布贬值是他们最不愿意看到的事，因为卢布贬值也意味着出口到俄罗斯产品的利润下降。

傅萧海出口到俄罗斯的产品都是靠俄罗斯卢布进行结算的，然后兑换成美金

邮寄回国内。他举例说，去年 31 卢布还能兑换 1 美元，到 2014 年 37.493 卢布才能兑换 1 美元。卢布对人民币的汇率也在贬值，2013 年 100 卢布能兑换 19 元左右的人民币，2014 年 100 卢布只能兑换到 16.35 元人民币。也就是说，价值 1 000 万卢布的产品兑换成人民币，2013 年和 2014 年的不同汇率意味着 30 万元人民币的利润被蒸发。傅萧海坦言，虽然出口到俄罗斯的货柜越来越多，但是产品利润随着卢布的贬值而降低，这严重打击了对俄贸易商的积极性。另外，受到乌克兰危机以及欧美制裁等原因的影响，以往在俄罗斯拿货的白俄罗斯、阿塞拜疆、乌克兰、哈萨克斯坦等周边国家的客商拿货的频率也在减少。

不仅如此，欧美的制裁也逐渐波及对俄出口的运输通道。据傅萧海介绍，在乌克兰危机事件前，他的货柜走的都是海路，先到乌克兰的敖德萨港口再转道陆路送往莫斯科。但是，现在只能选择海铁联运，先海运到海参崴港，再经由铁路运输到莫斯科。这样一来，不但耗时更长，而且运输成本较高。傅萧海希望乌克兰危机以及欧盟对俄制裁快点结束，那样他的生意也可以尽快回到正轨。

（三）义乌进出口公司暂未受到制裁影响

傅萧海也在时刻关注着欧美对俄制裁，但是对俄罗斯的出口业务未受到影响。俄罗斯佛罗兰斯进出口公司驻中国义乌办事处的负责人兼俄语翻译刘善来说，2014 年他们公司对俄罗斯的出货量保持快速增长，平均每周都有一个货柜发往俄罗斯，主要以梳子、化妆品等各类小商品为主。据刘善来介绍，俄罗斯客商在义乌市场拿货后，基本上按照人民币结算，然后他们按照客户要求走海运运输通道，将货柜运往莫斯科和圣彼得堡等地的大型批发市场。由于结算方式以人民币为主，佛罗兰斯进出口公司并未受到卢布贬值的影响。另外，刘善来还说乌克兰危机让他们公司在那两年不再接收来自乌克兰客商的订单，因为乌克兰贸易商时常跑单，汇款速度也特别慢。

案例十三：第一个在迪拜做"倒爷"的义乌人

童昌茂，男，汉族，1968 年 10 月出生，民建会员，义乌侨商会会长，中国东方之星控股集团总裁。

（一）出发

1995 年 8 月，在结束了义乌篁园路百货市场的自行车生意后，在一个上海人的指引下，童昌茂从浦东机场踏上了飞往迪拜的飞机。9 个小时后，飞机降落在了距离义乌 7 000 千米以外的传奇之都迪拜。透过低空飞行的飞机舱窗，深夜迪拜的街市灯火辉煌，橘黄色的灯光在眼底下越来越清晰，初次到访迪拜的童昌茂对此有一种莫名的震撼。下了飞机，一股热浪扑面而来，让人有喘不过气的感觉。那一瞬间童昌茂问自己：这就是我未来几年生活的地方吗？

童昌茂和同行的两名义乌朋友住进了上海人安排的住处。考虑到所带的钱不多，他急着想到迪拜市场去看一看。由于语言不通，他们只能靠着手势、计算器在迪拜的木须巴扎小商品中心穿梭。他们一边敲着计算器上的键盘，一边做着调查，了解市场行情。几天下来，市场中的经营户都认识童昌茂了，一看到他就冲着他喊"Chinese"。渐渐地，童昌茂寻到了迪拜潜在的诱人商机：在这里，大多小商品都来自中国，有的可能转了好几手，批发价要比义乌小商品市场贵四五倍，但几乎没有人直接从义乌进货。发现了这一点，童昌茂就开始盘算从义乌进货到迪拜卖。但因为带的钱很快花光了，他们只能暂时打道回府。

（二）再出发

回到义乌，根据之前做的市场调查，童昌茂立即尝试着寻找货源，最终与苏溪一家服装企业达成合作协议，将服装拿去迪拜倒卖，售后收益对半分成。做好充分准备后，1996年3月，在另一个上海人的介绍下，童昌茂又一次踏上了前往迪拜的征程。这一次，童昌茂带着价值100多万元13个货柜的衬衫来到了迪拜。并用15万迪拉姆（约人民币34.5万元）注册了自己的贸易公司——阿联酋迪拜东方之星贸易有限公司。往后的日子，童昌茂便天天拎着样品，带上计算器，到市中心的各店面推销。但令他始料未及的是，这批衬衫不是尺寸偏小，就是颜色不对、规格不符，100多万元的衬衫堆在仓库里几个月，一件也销不出去。和苏溪服装企业的伙伴一番商量后，他不得不忍痛以3元人民币一件的贱价把100多万元价值的衬衫"送"给了外国人。这次失利让童昌茂开始怀疑"迪漂"之路是否太冒险了。但是，他又转念一想，在哪儿跌倒就得在哪儿爬起来，绝不能这样灰溜溜地回国。

（三）成功

几个月后，童昌茂发现这儿的饰品比较俏，于是立即打电话给在义乌办饰品厂的弟弟，让他迅速组货到迪拜。货到后，童昌茂又重复着之前的工作，拿着计算器，挨家挨户上门推销。

1997年10月的一天，终于有一个印度商人向童昌茂发来了第一张价值8万美元的饰品订单。接到订单后，他激动得睡不着觉，但又立刻冷静下来，决定以成本价给印度商人，自己不挣一分钱。当印度商人收到物美价廉的义乌饰品后，满意地对童昌茂拍了拍肩膀，连声说："Good！Good！"随后，其他印度商人也闻讯而来，订单蜂拥而至。打开局面后，童昌茂连续在迪拜木须巴扎的商品中心租了多间店面房，又从义乌招聘了 30 多名年轻人。到 1998 年，童昌茂的饰品已占据了迪拜饰品市场的大半。

（四）回义乌开拓

童昌茂在迪拜的工作就是从市场采集最流行的款式，然后拿到义乌来加工。但是，饰品花样多，品质要求越来越高，仅凭义乌市场经营户已满足不了国际市场的要求。1999 年，童昌茂决定把方向转向义乌，先后在义乌创办了浙江赫赫饰品有限公司和浙江东方之星饰品有限公司，经营范围也从饰品扩展到百货。 2003年，童昌茂第一次把一位叫亚民的迪拜商人带来了义乌，紧跟而来的第二个迪拜商人从义乌采购了 50 万美元的货物到迪拜。

如今，在童昌茂的穿针引线下，有超过 1 万多位中东地区客商到义乌经商、采购商品，其中大部分人成了义乌市场的常客。他的自有品牌"玫瑰小姐"和饰品"赫赫"也被认定为国际品牌，走上了世界大舞台。"玫瑰小姐 MISSROSE"还获得了国际品牌 4 星证书，这在义乌乃至全省是第一家。

第二节　国际创客走进义乌

案例一：在义乌实现我的创业梦

今年 49 岁的福阿德来自也门。1999 年，他第一次踏上中国义乌的土地就被琳琅满目的小商品和浓厚的商业氛围深深吸引了。在义乌 19 年，他把根深深扎在了这里。

（一）异国求学识义乌

1990 年，福阿德以当地第一的成绩被公派留学，先后在北京语言大学、同济大学学习中文和土木工程专业。毕业后，他回国工作了三年，而后又回同济大学继续攻读研究生学位。期间，在从事外贸生意的朋友的带领下，福阿德第一次来到义乌。"当时一走进针织市场就有些眼花缭乱，这里商品种类多样，而且物美价廉。"福阿德回忆道。

之后，还在读研的福阿德由于精通中文，受聘到一位朋友的义乌办事处兼职，分管服装和饰品部门，基本每个月都要来义乌三四趟。"当时，从上海到义乌还是很慢的绿皮火车，要坐 6 个小时，现在高铁只要 1 个半小时了。"福阿德笑道。

至今，福阿德依然记得当时接手的一位客户。这位中东的客户在义乌待了三天，最终选择再去广州看货。结果，经过对比还是觉得义乌的小商品物美价廉，又主动回义乌订了不少货。

随着小商品市场的发展壮大，来义乌采购的外商越来越多，福阿德的外贸生意也蒸蒸日上。他考察了不计其数的厂家，其足迹遍布台州、上海、青岛、淄博等地。

（二）在义乌创业赢美誉

"在义乌发展有好机会。"福阿德研究生毕业后决定留在义乌，成为公司的联合创始人，从一个小小的办事处逐渐发展到拥有十多个业务员的外贸公司，商品出口到迪拜、沙特阿拉伯、也门、阿尔及利亚等国家。

义乌小商品市场的名气越来越大，做生意很方便，而且都是现金交易。每年，福阿德大概有 1 000 多个货柜的货物发往世界各地。之后，福阿德的生活品质也日渐提升，买的第一辆车就是国产三菱品牌旗下的一款越野车。他成为阿拉伯外商中最早买车的人之一。

2012 年，积累多年声誉的福阿德开始独立创办自己的外贸公司——义乌广赫贸易有限公司。公司成立第一年，盈利同比原公司上一年度增长 50%。

凭借扎实的贸易功底、认真负责的工作态度和诚信经营的口碑，福阿德接到越来越多的中东客户订单，并赢得了"义乌市 2017 年度十佳诚信外商"的荣誉称号。

（三）见证巨变谋发展

义乌的城市面貌越来越美，国际化程度越来越高，名声越来越响亮，包容性越来越强。让福阿德感受最深的就是在饮食方面的变化。最初因为口味差异，他特地聘请了厨师。如今，各国美食在义乌遍地开花，众多大型商超也如雨后春笋，让他的生活更加有滋有味。

福阿德伴随着义乌成长，见证了城市的巨大变迁。"这些年，义乌针对外商的服务越来越周到，特别是涉外政策，更是其他城市享受不到的。这里有涉外调解组织、'世界商人之家'，不论经商环境还是生活环境都很好。"福阿德由衷地赞叹。

他不仅参加了义乌市职工医疗保险，还一直把自己的义乌市民卡和商友卡放在手机壳内，随身携带。

谈及未来，福阿德计划在也门开一家贸易公司，引入中国的医疗器械，为当地医院提供优质的产品。作为义乌进口商会的外籍会员，他还希望搭乘"一带一路"的政策快车，凭借中国对也门进口部分商品零关税的优势，将咖啡、蜂蜜等产品通过义乌市场分销到全国各地，乃至实现辐射全球的转口贸易。

案例二：要在义乌把阿富汗商品卖往全球

清明采茶、端午赛龙舟、中秋吟诗会、山地车、足球赛、志愿服务……在义乌的各种场合，都能遇上阿兹兹。这位扎根世界"小商品之都"16年的阿富汗小伙是义乌最活跃的常驻外商之一。

阿兹兹的外贸公司的办公室与义乌国际商贸城仅隔一条稠州北路。他闲余时喜欢站在办公室的落地窗前，望着全球最大的小商品批发市场，感受这座商贸城市的繁华。

如今，阿兹兹的外贸生意已经辐射俄罗斯、英国、乌克兰、加拿大等10多个国家。

在阿兹兹看来，义乌是全球日用消费品贸易的"晴雨表"，立足义乌才能跟上市场潮流。他要当市场转型发展的"弄潮儿"，还给公司取名叫"Fashion"。接下来，他想依托"一带一路"拓展进口、转口贸易。

（一）外贸"白手起家"

义乌，如雷贯耳。阿兹兹念大学时，就经常听亲朋好友聊到这座远在异国他乡的"市场之城"。很多阿富汗商人都来这边的市场采购，物美价廉的"义乌小商品"很受欢迎。

2003年，大学毕业，阿兹兹和几个同学第一次来到义乌。走出设施陈旧的老火车站，他觉得义乌就是一座普通的小城市。可是，一走进第四代中国小商品城篁园市场，他的想法就彻底变了。一排排简易的摊位摆满了各种产品，想要什么产品都能找到，市场非常大，东西很便宜，人气特别旺。这对阿兹兹充满了诱惑，他一头扎进市场就不想离开了，尽管身上只有2 000美元，但他决定留下来做生意。

创业初期的岁月，阿兹兹记忆犹新。资金有限，他就找人合租老小区的房子；阿拉伯餐厅少，他就每天早起买菜做饭；雇不起员工，他就自己采购、装箱、发货。虽然遇到的困难很多，但他始终坚持初心不变，他要在义乌市场帮国外客户采购、发货。人生地不熟，创业并非易事。一开始语言不通，阿兹兹和市场经营户都是靠肢体语言和摁计算器讲价的。他第一次合租的房子在沪江路，三室一厅，每月租金600多元。

正是在市场采购的过程中，阿兹兹慢慢地学会了中文，还有包括义乌人刚正勇为、勤耕好学、诚信包容等经商创业精神在内的很多东西。这些深深地影响了他的经商创业之路。

薄利多销——这是阿富汗小伙在义乌市场学到的生意经。第一个大客户戈福德就是因此非常信任阿兹兹的，他们合作至今。这位客户也是阿富汗人，他在莫斯科做生意，要采购一个柜的货。这笔数万美元的订单顺利完成，阿兹兹却只从中赚了1 000美元。

因为戈福德的高度评价，越来越多的客户找阿兹兹合作。"薄利才能多销。"在阿兹兹看来，这句生意经的背后是义乌商人深刻领会了"一带一路"倡议的要义。要让客户有钱赚，生意才会更好。

（二）抢滩"福田商圈"

福田是义乌最年轻的街道、义乌国际商贸城所在地，因此常驻义乌的外国客商也习惯称其为福田市场。阿兹兹一直没有搬办公室的想法，不仅因为他的办公室离福田市场很近，还因为写字楼有一个讨喜的名字"福田大厦"。

2008年，美国次贷危机波及全球，阿兹兹的生意却持续红火。正是这一年，他把办公室从老旧的居民楼搬进了崭新的高端写字楼，还买了人生第一辆汽车。

租金一下翻了六七倍，很多朋友替他担心。阿兹兹觉得虽然这些钱是花掉了，但一定会赚更多的钱。越来越多的客户从国外来到义乌，有一辆车接送会更方便，也能赢得更多的信任，所以他买了一辆汽车。

果然，近水楼台先得月。搬进福田大厦之后，阿兹兹的外贸业务不断扩大，客户结构不断优化，开始有欧美国家客户主动找他合作。他每周都要发好几个柜的货物，企业大客户越来越多。

随着生意越做越好，阿兹兹越来越喜欢义乌福田市场，这里是他的风水宝地。在义乌经商生活的这些年，他去过20多个国家考察，到过不同国家的很多城市，比较之后还是觉得义乌最适合自己。

义乌不仅有很实惠的批发市场，还有很便捷的国际贸易服务。政府部门行政效率也很高，专门设立了为外商办事的国际贸易服务中心，外商在这里做生意既方便又安全。

阿兹兹觉得，越来越多外商来义乌还与"一带一路"有很大关系。作为"一带一路"建设的早期成果，联通欧亚大陆的"义新欧"班列给阿兹兹生意带来了意想不到的变化。

阿兹兹尝试过义乌至阿富汗、英国、俄罗斯等班列线路，是"义新欧"的忠实粉丝。走铁路去欧洲，最快两个星期，比海运提速一倍多。很多商品都是越早投放市场，利润越好。同时，以"义新欧"为代表的众多开放平台给驻义乌的外商的贸易带来了更多可能性。

（三）转型"进口贸易"

2018 年，在上海举办的首届中国国际进口博览会（简称"进博会"），吸引了172 个国家、地区和国际组织参会，来自五大洲的 3 600 多家企业参展，世界 500强和行业龙头企业来了 200 多家，境内外采购商超过 40 万人。阿兹兹非常重视"进博会"，认为这是中国扩大进口的一个重要信号，提前数月就开始为参展做准备。这不是一般的会展，对他来说，意味着更多的商机、更广阔的市场。他到上海参加进博会主要是学习，争取明年把阿富汗的特色商品卖到中国来。

展会规模很大，全球各国的优势商品云集，还有很多不同国家的采购商。在展会上，阿兹兹除了学习进口贸易经验外，作为"新义乌人"，他努力向不同国家的客商推广义乌和义乌市场。

参加一个展会，接触整个行业。身处"中国会展名城"多年的阿兹兹是义乌各大展会的常客，深知参加展会的重要性。这次，他邀请了很多熟悉的外商来参加"进博会"，还组织了一批阿富汗客人到义乌考察市场。

通过这次展会，阿兹兹结交了一批经销商和厂家，确定了一些合作伙伴。这些收获对他以后拓展外贸生意很重要。比如，来自阿富汗的参展商带来了松子、藏红花、地毯等优势产品，引起了很多采购商的兴趣。接下来，他会努力把这些商品引入义乌市场，再和义乌小商品一起卖到全球各地。

作为市场外向度超过 65% 的世界"小商品之都"，义乌将于"进博会"结束后，依托义乌国际商贸城的"中国进口商品城"，举办一个以"开放义乌，全球中小企业贸易伙伴"为主题的延展，致力于打造"永不落幕"的"进博会义乌展"。"进博会，说到做到！"这是阿兹兹发的一条朋友圈。阿兹兹坚定地相信中国人做生意讲诚信，随着"一带一路"建设的深入推进，生意一定会越来越好！

案例三：西德扎根义乌 14 年

走在江东街道金村的小弄堂，毛里塔尼亚商人西德总是能抓住大伙的眼球。不仅因为他是外国人，还因为他那一口地道的义乌话。

"你好，你吃过没……"平日里，西德边走边笑着用义乌话和街坊邻居打招呼，大家总是热情地回应他。对于眼前这位非洲商人，邻居们早已不陌生，甚至已经把他当成"义乌老乡"看待。西德在金村已经住了 14 年，是这里的老街坊了。

对此，他颇为自豪。和很多来义乌的创业者相比，这个来自北非的商人更了解义乌。他不仅见证了义乌的发展，还参与其中，并已与义乌融为一体。

（一）在义乌"下海"经商

在义乌，西德和很多非洲有志青年一样，怀揣"淘金梦"而来，在这座繁华小城摸爬滚打，将自己的梦想和中国梦紧紧联系在一起。1994年，西德19岁，被公派到中国来留学，在北京学了一年语言。之后，他到大连海事大学学习船舶驾驶，接着又完成了航运管理专业研究生学业，毕业后就职于海运公司。海上的生活很辛苦，也很枯燥。西德在航运公司办公室上班期间接触到不少来自毛里塔尼亚的商人。这些商人想到中国采购商品，但是都苦于不会说中文。这样，会说中文的西德成了商人们追捧的对象。西德帮助他们在中国采购商品，帮他们找相应的工厂，帮他们与客户沟通。在来来往往中，西德萌生了自主创业的念头。

2000年，西德从中国朋友处了解到义乌的情况，立即踏上了来义乌的旅途。不曾想，"掘金"的种子就此播下。西德去过中国很多地方，但对非洲来说，义乌市场是最适合的。这里的商品丰富多样、物美价廉，更重要的是品种和档次的选择空间很大，能满足不同层次的需要，可以解决"一货一柜"的问题。此外，中国商品在非洲很受欢迎，如毛里塔尼亚的小商品全部是"中国制造"。

2001年，怀揣着5万美元，西德在义乌正式"下海"经商，在毛里塔尼亚成立了自己的外贸公司，并在中国义乌成立了义乌办事处，一个作为在毛里塔尼亚的商品推广基地，另一个作为中国的采购总部。从刚开始只能聘用临时雇员，到现在公司规模稳步扩大，对于自己事业的发展，西德很感激义乌的发展所提供的机遇。他回忆起刚来义乌的时候，这里的外国商人没有现在这么多，生活工作方面也没有这么便利，尤其是外事手续办理起来比较麻烦，当时像办体检证明、居住证等手续还得跑到上一级城市，每次都要花上一两天。后来，这一切慢慢地都变好了，现在更是"一条龙"服务，义乌政府在其中做了很多努力。

经历了十余年的打拼，如今西德的生意已基本覆盖非洲西北部地区，包括摩洛哥、阿尔及利亚、冈比亚等国家。每个月，西德都会采购至少5个集装箱的商品发往非洲，价值不少于300万元。

（二）成为"义乌通"

提起一口顺溜的义乌话，西德说完全是自学的。2004年，在义乌已经生活了三年的西德对义乌话产生了浓厚兴趣。为了学习义乌方言，他特地做了笔记，通过音标方式自学。平常只要一有空，他就和义乌人聊天，提高义乌话水平。

在西德的心里，他早已把自己当作一名义乌人了。他熟悉这里的一切，觉得这里和毛里塔尼亚国内没什么区别。他真切地感受到义乌的阿拉伯社区的便利，它是一个适合生活的地方。这里有阿拉伯风味的餐厅，有清真寺，有阿拉伯人开的理发店，阿拉伯人很多，大家的生活习惯都差不多，平时交流、活动都没有任何问题。现在，他一离开义乌就感觉像是到了外地，忍不住想回到义乌。

由于西德在义乌时间很长，又能说一口流利的汉语，加上头脑灵活、性格沉稳，被大伙推选为义乌毛里塔尼亚商会会长。西德说，目前在义乌的毛里塔尼亚人有数百人，在义乌阿拉伯人群体中的占比不小。他们中有不少人通过西德了解义乌，到义乌创业。西德也热心于帮助大家。义乌国际马拉松赛开跑时，不少毛里塔尼亚的朋友想要报名参加，西德都会帮他们报名。义博会召开时，西德会邀请毛里塔尼亚商人来义乌参展。西德说，除了帮助朋友，他更愿意成为毛里塔尼亚和中国义乌之间的使者。多年来，西德安排接待了多名毛里塔尼亚政府官员来义乌考察访问，让更多的人了解了义乌。

自从世界商人之家成立以后，西德的"朋友圈"也越扩越大。繁忙的生意之余，他积极参加世界商人之家的活动。义乌作为西德的第二故乡，他早已习惯了这里的一切。这里有他的事业、家庭，还有他的未来。同时，西德真切地希望义乌的明天越来越美好。

案例四：遇见义乌，一次美丽的邂逅

1987年，萨姆埃在北京语言大学学中文，一年后就读于华南农业大学。五年本科学习生活结束后，他在日本的一家养鸡场找到了工作。因为有在中国留学的背景，他又跳槽到了东京的一家对华贸易公司当翻译。随着对华业务的渐渐熟悉，加上北京朋友的热情推荐，他来到了北京帮朋友拓展业务。

（一）萨姆埃在义乌创业

2004年5月底，公司派萨姆埃陪两位客户到义乌采购。一到义乌，他们就被琳琅满目的小商品吸引住了。萨姆埃回忆到当时小商品主要集中在老篁园市场一带，当时客户采购的商品主要是五金，用了两天时间就全部采购完毕，物美价廉的商品让客户非常高兴。

此时，萨姆埃就向公司负责人建议不如在义乌设一个办事处，因为不但义乌市场上的商品很丰富，而且公司需要经常采购原材料。他的建议很快得到了公司负责人的肯定，萨姆埃立马租了一套集办公、仓储于一体的房子。

这是萨姆埃新生活的起点，更是他事业的起点。萨姆埃说，随着外贸业务的

扩展，不少朋友和客户开始鼓励他自己办公司。考虑到未来的发展，他在2009年成立了希望国际贸易有限公司，办公室设在福田大厦。

刚起步的时候，客户对五金电器、服装鞋子及塑料制品的需求量非常大。萨姆埃说，当时老家埃塞俄比亚就是主要业务出口地，还有肯尼亚、吉布提、莫桑比克、巴西等国家。那时这些国家的城市建设刚起步，对商品需求量很大。手电筒、剃须刀、假花、雨伞及体育用品非常畅销，一个月就能发30多个货柜。

现在，萨姆埃所办公司共有12名员工，业务范围十分广泛。他说，家乡人都知道义乌，在家乡的超市、商场里，有一大半的小商品来自义乌。义乌是块希望的热土，当萨姆埃敏锐地觉察到义乌蕴含的商机时，就毫不犹豫地驻扎了下来，并一直坚持到现在。在其他国家，萨姆埃觉得自己是个外国人，但在义乌，他没有这样的感觉。萨姆埃说，相对上海、北京、广州等大都市，义乌的城市规模较小，和他老家的很多城市规模差不多，很适宜人居住，加上义乌的外商众多，几乎每个国家的都有，时间久了，在义乌的外商也觉得自己是义乌人了。

2006年，事业小有成就的萨姆埃和老家的女朋友结婚了。婚后不久，他就偕妻子一起来到义乌，此后大女儿也在义乌出生。如今，萨姆埃有了四个漂亮可爱的女儿。此前，最令萨姆埃放心不下的是孩子的教育问题。一开始，萨姆埃一家住在东洲花园，后来因孩子要上学，他在义乌找了两所学校，结果孩子们都未被录取，最后孩子们在东阳一所学校就读，于是他又把家迁到了东阳。直到去年，女儿转学到了义乌的一家国际化私立学校就读，全家人又迁回了义乌。目前，两个大女儿在义乌读小学，两个小女儿在读幼儿园。家庭之外，萨姆埃有很多中国朋友。空闲时，他们一家人会去影院看电影，也会和朋友一起聚餐，或去梅湖体育馆踢场足球，享受着生活。

（二）见证义乌，不断提升自己

萨姆埃在义乌生活已有十余年，他一连用四个"越来越"形容义乌的巨变：义乌的城市面貌越来越美，国际化程度越来越高，知名度越来越高，包容性越来越高。

在萨姆埃的眼里，他伴随着义乌成长，又见证了义乌的巨大变化。这些年，义乌针对外商的服务越来越周全，特别是涉外政策，更是其他城市享受不到的。义乌有涉外调解组织，有世界商人之家，政府给予外商很高的地位。

义乌的发展离不开新义乌人，新义乌人更离不开义乌，这是一种鱼水之间的关系。萨姆埃说，在经商之余，他也会与其他外商一样，积极参加各种公益事业。

作为义乌市涉外调解组织的成员，只要需要，他就积极参与。平时，他还积极参加看望贫困儿童、慰问环卫工人、参与捡拾垃圾等活动。去年，他还参加了创建文明城市知识竞赛，获得了小组第五名。

只有融入这座城市，才能享受美好的生活，这就是义乌的独有魅力。最近一段时间，萨姆埃正准备在义乌买房子，希望能一直留在这里。

案例五：义乌改变了龙泰华的命运

在福田湿地公园，经常能看到一群外国人晨跑的身影，其中就有一位来自埃及的商人龙泰华。龙泰华 2011 年来到义乌从事五金外贸生意。一开始，龙泰华只是想将义乌作为创业的起点。如今，他已经深深地爱上了义乌，再也离不开了。

（一）初来乍到：逛不完的市场让人惊叹

近日，记者来到龙泰华的外贸公司。虽然办公场所不大，只有两间，却处处彰显着主人的身份。三四个精致而小巧的金字塔整齐地摆放在办公桌上，地上铺着靓丽的毛绒地毯，各类荣誉证书和马拉松奖牌依次排列，井然有序。龙泰华眼睛深邃，鼻子高挺，笑起来很迷人。谈及为何会来义乌创业，原本略显拘谨的他一下子打开了话匣子。原来，龙泰华从小喜欢看中国功夫片，最喜欢的明星是成龙和李连杰，对神秘的中国充满好奇与向往，希望长大了能去中国学习。为了完成梦想，龙泰华在高中时就选择了文科，以便大学能够进入语言学院学习汉语。大二那年，他以全系第一的成绩获得前往中国做交换生的机会。2008 年，在 20 岁生日那天，他作为浙江师范大学的交换生如愿来到中国。期间，龙泰华在朋友的带领下，来到了义乌，见识了市场。

龙泰华第一次逛市场是为了给家人带点礼物，本来他计划把市场全部逛一遍，结果发现，义乌的市场太大了，商品琳琅满目，根本不可能在一天逛完。丰富多样的商品、便捷快速的物流、数不胜数的外国人给他留下了深刻的印象。自那天起，龙泰华心中就埋下了来义乌创业的种子。

（二）从无到有：在义乌挖到第一桶金

对于龙泰华来说，义乌到处都是商机，到处都是创业机会。他在义乌创业虽不是披荆斩棘，但也历经坎坷。

2011 年，龙泰华本科毕业后，一边连读 MBA 硕士，一边在义乌一家外贸公司上班。从简单的制作发票开始学习，到采购、对货、发货一条龙，再到解决各种货物纠纷，在朋友的帮助下，他很快就学会了外贸操作的整套流程。

半年后，龙泰华选择了自己创业。但由于缺乏客户，空有一套外贸操作经验。这时，义乌各种各样的展会帮了他很大的忙。龙泰华说，在创业之初，他辗转于各大展会，分发名片，结识采购商。

很快，龙泰华有了第一位顾客。一位埃及的客商希望采购一笔五金产品，这笔订单只有 2 万元，几乎没有利润，但龙泰华还是认真、负责地完成了。令人意想不到的是，埃及客户在收货后，对货物质量和服务非常满意。不久，龙泰华就拿到了该客户的另一笔 30 万元的订单。两人逐渐成为好友，至今仍有合作。

用心对待每一笔订单，诚恳对待每一个客户，龙泰华的生意逐渐走上正轨，越做越大。如今，他的外贸生意已远及埃及、沙特等地。

（三）安居乐业：生活在义乌越来越幸福

在义乌的 8 年时间里，龙泰华看到了城市品位的提升。对外国商人的包容度和服务都在升级，这让他对义乌的感情也日益深厚。8 年间，龙泰华回埃及的次数不超过 5 次，绝大多数时间都待在义乌。龙泰华最喜欢的公园是福田湿地公园和江滨绿廊，每周基本上会去晨跑三四次。同时，随着义乌的道路建设越来越好，他会和朋友们一起骑车去华溪森林公园等地。让龙泰华大加赞赏的还有世界商人之家。目前，作为丝路文化俱乐部的成员，他积极参加俱乐部组织的各类活动，如文化交流沙龙、公益献血等。

此外，龙泰华还连续参加了两届义乌马拉松比赛。现在，义乌举办的文体活动越来越多，吸引了很多中外青年参加，也让这座城市更富有活力。

龙泰华已经把义乌当成家了。在这里，他工作越来越顺利，结交的朋友越来越多，生活也越来越幸福。在龙泰华看来，义乌也把他当成了自家人，政府会定期了解并解决外国人在经商、生活等方面遇到的困难，让他们为义乌城市发展建言献策。

案例六：费雷斯与义乌一见倾心

穿过狭窄的门牌，走过拥挤的楼梯，在国际商贸城附近一个小区的二楼，记者见到了来自加拿大的费雷斯。他戴着一副黑框眼镜，笑起来眼睛弯弯的，挺着啤酒肚。一见客人到来，费雷斯就张开双臂，热情地说："Welcome（欢迎），wel-come!"这样一下子就消除了彼此的生疏感。费雷斯在义乌已经 15 年，见证了义乌的发展、繁荣。他感恩义乌，这里是他事业的根，也是他的家。

（一）"掘金"义乌"未曾离开"

费雷斯来自加拿大第二大城市蒙特利尔，会说英语和法语，也是在义乌为数不多的加拿大外商之一。20世纪90年代初，他放弃了在当地人眼中非常体面的邮局业务员工作，向银行申请了5 000美元贷款，踏上了经商之路。

此时的义乌小商品在蒙特利尔并不像现在这样享有盛名，"中国制造"更多的来自中国台湾。很快，费雷斯在台湾收获了创业的"第一桶金"。2001年，费雷斯在广交会上知道有一座叫义乌的城市，那里的东西物美价廉、品种繁多。他迫不及待地赶到义乌考察市场。

当时，义乌国际商贸城还在建设。篁园市场里人山人海，空气中弥漫着生意的味道。义乌贸易采购方式灵活，和广州等地的出货方式不一样。费雷斯打了个比方，同样带5 000美元去采购，在义乌可以买到多种多样的产品，而在广州等地可能只能拿到一种货品。物美价廉的商品、灵活多样的采购方式让费雷斯"一见倾心"。经过两个月的市场调研，费雷斯决定到义乌发展。

2003年，费雷斯进行了角色转换，不再当一名普通的采购商，而是在义乌成立了办事处，专门从事围巾、玩具、礼品袋等的出口贸易。作为较早一批"掘金"中国义乌的加拿大商人，费雷斯抢占了先机。和义乌很多外贸公司不同，费雷斯一直采取现金交易，从不赊账。这种方式也让他积累了更多货源，客户日益增多，生意日渐红火。但在2009年，费雷斯遭遇了一次生意危机。受一位客人破产影响，费雷斯的公司一下子亏了170万元，濒临破产边缘。2010年，费雷斯重整旗鼓，从小做起，凭借前期积累的好口碑，重新走上正轨。如今，费雷斯的生意版图越扩越大，在绍兴、香港等不少地方都开设了分公司。

这些年，义乌市场环境越来越好，小商品质量不断提升，逐渐走向了中高端市场，原先以价格优势吸引客户的方式也在发生改变，越来越多的工厂开始做市场细分，和外商的交流互动越来越多，外商对产品的想法、建议马上就能实现。对义乌市场的前景，作为"新义乌人"的费雷斯充满信心。

（二）乐当义乌"洋雷锋"

费雷斯每年至少有8个月的时间待在义乌。他说，这里是自己的家，希望尽己所能地为义乌做些事。一有时间，费雷斯就会和朋友去福利院看望需要帮助的孩子，他们在这里认领了孩子。费雷斯说，每周六是他们的公益活动日。有空的时候，费雷斯还会和朋友去农村的养老院，给老人们送去被子、保温杯等日常用品。费雷斯说，能给老人们带来点笑声，他感到很欣慰。只要有时间，他就会继续组织这样的活动。世界商人之家成立以后，费雷斯不仅认识了更多的中外友人，还担当起旗下尚凡运动俱乐部骑行队队长一职。为了便于组织活动，他专门组建了微信群，群里面共有来自世界 30 多个国家的 62 位外籍骑行爱好者，每周都会组织骑行活动。

2015 年，义乌举行首个国际学雷锋文明出行日活动，费雷斯带着他的骑行队参与其中，以绕城环保骑行等方式，争当国际"活雷锋"志愿者，向中外居民倡导文明出行。费雷斯还为义乌雷锋事迹展览馆发起募捐活动，并表示自己就想当"雷锋"。费雷斯觉得他们只是做了一名"新义乌人"该做的事，而他们从受助者那里得到的快乐远远多于他们带给受助者的快乐。费雷斯不但热心公益，而且对搭建中加之间的友谊桥梁不遗余力。他时常参加政府部门组织的活动，还列席了今年的"两会"，为义乌发展建言献策。

案例七：义乌是马海生梦想开始的地方

在义乌，有一群非常喜欢打英式橄榄球的人，法国客商马海生就是其中一员。2009 年，来义乌从事对外贸易的他时常在朋友圈分享义乌的美食美景和橄榄球俱乐部活动。十年间，他回法国的次数屈指可数。马海生非常喜欢待在义乌，这里是他梦想开始的地方。

（一）上海筑梦，义乌圆梦

2006 年，受父母朋友的影响，马海生来到上海，在一家外贸公司实习，第一次从同事口中听说了义乌。三个月的实习期，他几乎每个周末都在义乌逛市场看商品、和经营户聊天。

马海生回忆说，那个时候，他一个人来到市场，发现市场真的是太大了，商品琳琅满目，感觉创业的机会就摆在眼前。当时，马海生一句中文也不会，就用计算机和肢体语言与经营户沟通交流。在与市场各个商家的沟通中，他的中文水平逐渐提高了。实习期结束后，马海生转正并暗下决心以后要开一家自己的外贸公司。期间，他依旧频繁到义乌市场及周边工厂看产品，了解价格和各种贸易流程，为之后的创业打下了坚实的基础。2009 年，经历了三年摸爬滚打的他毅然决定来义乌开创事业，创办了义乌新雅贸易公司，为法国、澳大利亚等地的商超客户采购日用品、电子产品、服饰等商品。受大学理工科专业的影响，马海生打理事业井井有条。他对每一笔订单都很重视，亲力亲为。倘若产品质量未达到顾客要求，马海生就会采取重新生产、降低价格或者直接取消订单等方式解决，坚决不让客户承受损失。2017 年，凭借多年来的诚信经营，他荣获了 "2017 年度十佳诚信外商" 的称号。

在马海生眼里，义乌与上海最大的不同是在义乌能更加直观地接触到商品，更加接近市场，而在上海是通过邮件、QQ 等方式与工厂交流。此外，在义乌可以拼柜采购多个品种的商品，客户会更喜欢。义乌是创业 "福地"，他身边有很多人在这里白手起家，挖到了人生的第一桶金。

（二）朋友圈的义乌 "大使"

马海生在义乌结识了一位来自俄罗斯的美丽姑娘，两人喜结连理，有了两个活泼可爱的女儿。马海生的妻子和孩子都很喜欢生活在义乌，孩子们的中文也特别棒，比他自己好多了，这令马海生感到十分欣慰和骄傲。身材高大的马海生是运动健将，十分喜爱英式橄榄球、自行车、跑步、滑板等运动，目前是义乌世界商人之家尚凡运动俱乐部橄榄球队的成员。十年间，他亲身体验了义乌方方面面的变化，尤其是文艺演出、体育赛事等文体活动越来越丰富。义乌的品位和张力让他感触颇深。

马海生说，如今越来越多的体育赛事出现在义乌，如马拉松、足球赛、篮球赛等。以前，在梅湖体育场，专业打球、踢球的队伍比较少，而现在不仅有各式专业的球队，还能看见很多少儿球队的身影。马海生经常在朋友圈发布橄榄球比赛的照片，这是他最喜爱的运动，基本上每周都要去打球。去年开始，尚凡运动俱乐部还承办了中国 15 人制英式橄榄球巡回赛义乌站赛，来自上海、杭州、苏州、南京等地的多支橄榄球队齐聚义乌。通过比赛，马海生结识了不少朋友，并向他们积极推介义乌，带着球友们一起逛市场、品美食。马海生说，目前已有两位在杭州稳定发展的外商希望能够合作拓展外贸相关业务。

闲暇时，马海生时常约上三五好友小聚。世界杯期间，他和朋友一起在家里或去酒吧、餐厅聚餐看球赛，生活在这里越来越有味道，义乌已经成了马海生的第二个家。马海生赞叹道，义乌的环境真是越来越好了。近段时间天空湛蓝，夜晚星空闪烁。一看到这些，马海生就忍不住要拍照，将义乌的美景发到朋友圈，让更多的人了解义乌，喜爱义乌。

案例八：情系义乌的俄罗斯女孩

近年来，俄罗斯与中国义乌市场有着紧密的经济贸易往来，这也是义乌国际贸易增长点之一。在义乌，有许多俄罗斯创客在义乌工作、投资和创业。

（一）相比"北上广"，张娜更喜欢义乌

张娜来自俄罗斯哈巴罗夫斯克边疆区阿穆尔河畔共青城，这个城市和黑龙江交界，在边疆区属于第二大城市，地广人稀，人口只有25万。她的中文名之所以叫"张娜"，是因为这个名字与自己的俄罗斯名Zhanna发音相似。

来义乌前，张娜在哈尔滨读了三年的硕士和两年的博士。硕士读的是语言学，博士主攻思想政治教育。说到这个专业，她笑着告诉义乌商人，这个专业不是她自己选的，而是在哈尔滨当地有专门针对优秀外国学生的奖学金政策，之所以能读博就是因为获得了这个政策的支持。但是，对于一个外国人来说，思想政治教育这个专业并不适合，所以她读了两年就放弃了。

其实，张娜放弃读博是因为她在义乌找到了工作。中国有那么多城市，为什么张娜偏偏选择义乌呢？张娜身边的很多朋友到中国后，都选择北京、上海、广州等大城市，可是大城市生活成本高，找工作不易，待遇也不如其他二三线城市。义乌则不同，虽然不大，但是拥有全球知名的国际商贸城，给外国人的创业机会多，生活也很方便，世界各地美食都可以在这里找到。

2013年3月26日，张娜怀揣着对义乌的美好向往从哈尔滨坐飞机到杭州，再从杭州坐大巴，经过2个小时车程后，她的双脚站在了义乌的土地上。那是初春的夜晚，张娜乘坐出租车直接到了城店南路附近的应聘公司。一下车，张娜就傻眼了，眼前全是五层半的楼房，一楼是一个个小仓库，她不免心里有些失落，但既来之，则安之。

在新公司上了几天班后，迎来了周末，她让出租车司机带自己去义乌最繁华的地方，司机直接把她带到了异国风情街，这也让张娜开始对义乌改变了看法。如今，张娜可以说是半个"义乌通"，哪有好玩的、好吃的，她都知道。她最爱去绣湖广场附近，因为这里可以让她感受到不同的风土人情和异国风情。

（二）在工作中成为"中国通"

张娜就职的公司是一家俄罗斯贸易公司，总部在俄罗斯。她主要负责人力资源管理、行政后勤等事务，用她自己的话说，大家解决不了的事都归她管。

一开始，张娜所在的公司只有5个员工，但是短短半年内，员工数量一下子增加到了近50人，其中俄罗斯人占了三分之一。这些人中有不少是张娜招聘来的。对于初来乍到、没有任何人力管理经验的张娜来说，招聘中国人比招俄罗斯人难多了。张娜为了能尽快熟悉情况，尽快懂得中国的法律，如中国员工的待遇、福利、保险、加班费等，她几乎把中国的劳动法都背了下来。

对于贸易公司来说，各种贸易纠纷也是时常碰到的，很多时候，这些事情也都由张娜这个"办公室主任"出面解决。张娜常常要到法律顾问那儿了解公司最近遇到的棘手事。2016年4月，公司接洽的一笔订单出了问题，货代公司欠了张娜所在的公司8 500美元不肯付钱，原因是对方称已经把钱给了中介，但是现在张娜一直没法联系上中介。如果实在要不到钱，张娜只能提起诉讼了。以前，因为纠纷时有发生，张娜经常有无奈的时候。如今，对于中国法律，她也懂得不少，处理起来更加自信了。

（三）这里有"家"的温暖

在一个地方待久了，自然而然就会产生感情。张娜是很恋旧的人，在义乌三年多，她对义乌的感情也是与日俱增。

2015年8月，张娜加入了世界商人之家的旭日公益俱乐部和尚凡运动俱乐部。刚来义乌的几年，张娜的朋友圈就是公司的这些俄罗斯朋友。时间久了，生活变得越来越枯燥。自从张娜加入世界商人之家，她仿佛来到了崭新的"世界"，这里有世界各地的朋友，她的生活一下子丰富了起来。在旭日公益俱乐部，她可以和朋友们一起去做各种各样的公益活动，如去福利院看望小朋友。这在以前是她从未有过的体验。每次去福利院，张娜都会带上一些小礼物，陪小朋友玩，陪小朋友吃饭。有时候，小朋友会亲亲张娜，抱抱她，让她感觉很温暖。

在尚凡运动俱乐部，张娜则拾起了儿时的乐趣——骑自行车。自行车俱乐部里有100多个会员，大家经常会举办各种各样的派对，也经常相约一起骑自行车。张娜几乎每隔一天就会和朋友们一起骑自行车，乐此不疲。2016年8月，X8024次中欧班列（中国义乌—俄罗斯）从义乌西站启程，首次驶往俄罗斯车里雅宾斯克。对于张娜而言，中欧班列（中国义乌—俄罗斯）的开通不仅拉近了中国义乌与俄罗斯的距离，也让她在义乌更有归属感。

案例九：义乌市场成就了尼罗斯

印度商人尼罗斯一家四口住在欧景名城，前临美丽的义乌江，毗邻繁华的万达广场购物中心。工作之余，尼罗斯喜欢陪着妻儿在楼下花园散步，遇到熟悉的邻居，他会主动用义乌方言打招呼："夜饭食过没？"

尼罗斯是阿联酋最大零售商LULU集团驻义乌办事处的负责人。2004年，他带领团队在义乌采购小商品。随着义乌市场的发展壮大，尼罗斯和公司办事处的业务越做越大。如今，义乌市场已成为LULU国际集团重要的贸易增长点。2018年6月，义乌市与LULU国际集团签署了合作备忘录。

（一）在义乌市场如鱼得水

从印度南部的一所大学毕业后，时年 20 岁的尼罗斯进入了当地的一家跨国零售连锁企业——LULU 国际集团。凭借国际贸易专业的优势，进入公司的第二年，他就获得了出国锻炼的机会——去阿联酋阿布扎比的分公司负责采购。因工作需要，他每年都要到广州逛展会寻找合适的产品。期间，他得知展会上的许多精美日用百货类商品都来自一个叫"义乌"的地方。

一开始，尼罗斯直接到工厂订货，起步价很高，来回奔波也很辛苦。后来，他发现这些产品在义乌市场都能找到，而且可以几种甚至几十种产品拼柜。2004年，公司在中国的办事处转移到了义乌，有着丰富经验的尼罗斯成为负责人。

背靠全球最大的小商品集散中心，尼罗斯如鱼得水。从最初一年五六个货柜到后来每年上百个货柜的商品采购量，小商品的采购品类也逐年增加，尼罗斯的生意蒸蒸日上。

在尼罗斯的办公室里，他和 LULU 国际集团总裁犹瑟夫·阿里的照片被摆放在醒目的位置上。LULU 国际集团总部位于阿联酋阿布扎比，在全球拥有 148 家日用品超市、卖场及零售店，拥有超过 4 万名员工，全球年营业额达 72 亿美元，占据中东市场近三分之一的杂货零售额。目前，LULU 集团在中国香港、广州、义乌等地设有办事处，从事商品采购及进出口业务。

（二）面向全球推介义乌

随着义乌市场的日益壮大，义乌办事处逐渐成为 LULU 国际集团重要的贸易增长点。用尼罗斯的话说，自己和义乌市场一样"步步高升"，公司也和义乌市场共同发展。

尼罗斯回忆，刚来义乌时办事处只有三个人，一年只采购五六个柜的商品，伴随着义乌小商品市场的迅猛发展，集团迅速扩张，采购量也越来越大。目前，义乌办事处每年采购 1 500 余个柜的商品，年贸易额达到 1 亿美元左右。

此外，尼罗斯还计划在全球各大 LULU 商场及卖场开办"中国义乌节"，在推动义乌商品走向全球的同时，更好地推介义乌，让更多的客商了解义乌。

（三）当一名新义乌人

从 21 岁背井离乡来义乌打拼，尼罗斯已经在这里扎根 15 年，早把自己当作了义乌人。看着生活的这座城市越来越美，他心里有说不出的高兴。在尼罗斯眼里，这里环境安全，贸易发达，政府部门的服务周到，城市配套设施越来越齐全，生活和工作都非常方便。尼罗斯早已习惯了这里的一切，在他眼中，现在的义乌大商场越来越多，各国风味餐厅如雨后春笋，味道也十分地道。现在，尼罗斯每天都会去国际商贸城逛逛，在这个充满活力的大市场里获得惊喜。

案例十：印度创客——纳斯

今年是印度商人纳斯在义乌的第 15 年，从事外贸生意的她已把"中国制造"销往全球 50 多个国家。

操着一口流利中文的她并不喜欢社交，属于典型的"少说多做"型。在感恩义乌的同时，她开始对新零售时代的外贸转型升级进行思考。

（一）在义乌捕捉商机

纳斯来自印度孟买，身材瘦小的她，个性却十分要强。2003 年，纳斯在朋友的推荐下来到义乌，在一家主要面向外商的酒店任大堂经理一职。2005 年，积累了一定客户资源的她离开酒店，自主创业。

第一次去义乌早期的小商品市场——篁园市场，纳斯就震惊了，这里什么东西都能买到，而且价廉物美。纳斯发现商机后，开始从事外贸业务。她不仅拼命学习中文，还结交了不少义乌朋友，对义乌充满好感。在纳斯眼中，义乌人十分热心，商家也很讲信用。因此，她最爱和义乌人打交道。

背靠"小商品海洋"，纳斯的外贸生意做得顺风顺水，从一开始的两三位老客户到客户带客户逐渐扩大商圈，生意越做越红火。经过 15 年的打拼，如今她的客户已遍布马来西亚、印度、澳大利亚等 50 多个国家，平均每年要发送 240 多个货柜。

纳斯认为，作为"一带一路"的重要支点城市，义乌近年来"电商换市"的步伐迈得很快，外贸方式发生了翻天覆地的变化，进入了新零售时代。在这一背景下，在义乌的外商只有紧跟转型脚步，才能为推动义乌乃至全球贸易的持续繁荣作出贡献。

如今，纳斯已在多个电商平台注册店铺，接下来还会发动身边更多的朋友参与其中，进而分享心得。她深信，随着越来越多的经济、文化、思想的碰撞、融合，中印两国势必将迎来更美好的未来。

（二）这里是外商的福地

如今，纳斯的孩子住在澳大利亚，她和丈夫则定居义乌。一年 12 个月中有 11 个月纳斯都在义乌，因为他们实在太喜欢这座城市了，并且她从未有过离开义乌到其他城市发展的念头。

在她看来，义乌小商品质量不错，价格也有优势，义乌的国际贸易环境健康有序，越来越多的印度商人选择来义乌工作创业、安家落户，这样会带来新的商机。

纳斯刚来义乌的时候，这里的印度人并不多，大概只有三四百人，如今已发展到 3 000 多人。他们主要住在银海小区、商贸区附近，大家的生意越做越好。

谈及 15 年来义乌发生的变化，纳斯感受最深的是办事更方便、贴心了。15年前，办理签证、营业执照都要找代理公司跑很多部门，现在部门联办，只需跑一个地方，既方便又快捷，而且每个部门的工作人员都很主动热情，基本都会说英语。

在日常生活中，纳斯特别喜欢逛国际商贸城，从泰国馆逛到日本馆，再去韩国馆、新加坡馆转一圈，最后回到印度馆。有时，她还会约上三五个贴心好友，一起到公园跳广场舞，享受惬意的生活。

纳斯说，她是新义乌人，义乌是印度商人的福地，也是全球外商的福地。

案例十一：义乌的洋街长

义乌是全球常驻外商最多的县级市之一。目前，有 100 多个国家和地区的 1.3万多名外商常驻。人口的集聚需要城市管理工作不断创新。在此背景下，义乌在全国首创了"洋街长"治街模式，积极打造城市管理新样本。

2017 年，经营餐馆的哥伦比亚商人法维奥成了义乌首批"洋街长"之一。如今，在义乌国际商贸城一带，经常能看到他骑着电瓶车参与巡街的身影。

（一）乐当"街长"做服务

看到沿街店面外有杂物堆积，他就上前劝导；看到马路上有垃圾残留，他就主动清扫。这样的工作，每个星期至少参与一次，法维奥已经持续做了一年多。

法维奥在义乌工作、生活已有十多年，他给自己取了一个非常接地气的中文名——马利。每次巡街，他都很积极。有时候，"洋街长"还是很好的"翻译官""外交官"。

由于文化、语言等方面的差异，一些外籍经营户无法理解当地的管理行为，执法效果不理想，常常是当时说了有效果，但过后马上就回潮。2017 年 6 月以来，义乌市综合行政执法局因地制宜，打破国籍地域限制，在外商聚集较多的工人北路、长春六街等路段，邀请了包括法维奥在内的外商担任"洋街长"。他们在经过业务培训后上街巡查，解决了很多棘手的管理难题。

一年多的"洋街长"经历让法维奥结识了很多新朋友，在义乌有了更多的融入感和归属感。除了每周集中巡街外，平时他还主动单独巡街。

（二）定居义乌学做菜

"家"是义乌在法维奥心中的定位。他说，来中国前，他就看到哥伦比亚有很多产品上都写着"中国制造"，这让他对这一神秘的国度产生了兴趣。于是，他主动学习，中国历史和汉语。

当时，哥伦比亚的商店都是从美国的市场拿货，法维奥就想自己直接到中国采购商品。2002年，法维奥陪着客人来到中国采购，第一站就是义乌市场。两个星期内，他就帮客户采购好产品发往美国，非常顺利。后因生意需要，他在义乌租了办公室、仓库，还经常到义乌参加博览会。

2006年，法维奥决定常驻义乌。当时，虽然义乌的外国餐厅越来越多，但是没有一家地道的拉丁风味餐厅。在吃的方面，法维奥很讲究，因为他有一个擅长厨艺的妻子。生意稳定后，他立刻把妻儿从哥伦比亚接了过来。妻子的到来让他的生活有了很大改善，在义乌就能品尝到地道的家乡菜。除了拉丁菜外，法维奥还喜欢吃中国菜。

（三）热情好客开餐厅

来义乌采购的南美客商越来越多，法维奥和妻子经常邀请员工和客户来家里吃饭。一来二去，法维奥在义乌的家就成了大家经常聚会的场所。

2012年，当厨师的朋友乌戈来义乌创业，在法维奥家蹭饭时经常到厨房当帮手，做出来的拉丁菜非常地道。因此，法维奥鼓励他开办"私家厨房"，并把自家的厨房让出来给他做家乡菜，然后用快餐盒装好，拿到福田市场去卖。数十份盒饭每次都被一抢而空，于是两人有了合伙开餐厅的想法。

2013年，两人租下10余平方米的店面开起了小餐馆，取名为"LaFonda"，在西班牙语中的意思是"家"。来店里的客人很多，一年后餐厅就搬到了离市场更近的大店面。由于口味地道，还经常创新菜品，餐厅的名气越来越大。

案例十二：希拉经商演戏两不误

希拉来自西非马里共和国，2001年来到义乌，并在这里成立了自己的外贸公司，为非洲多个国家的客商提供商品采购服务。在他看来，义乌小商品物美价廉，外贸环境健康有序，越来越多的非洲商人愿意在义乌发展事业并安家。

（一）义乌是财富梦的起点

希拉是第一批来中国义乌经商的马里人。18 年前，希拉第一次来到中国，在广州一家外贸公司工作。一次在宁波出差途中，听阿富汗朋友说起义乌，这里是小商品的海洋，有生活中需要的各种商品。

2001 年 3 月，希拉第一次来到义乌，看到这么多的小商品，有些眼花缭乱，也非常震惊。希拉说，当时义乌市场一个柜就可以装六七种商品，那时候非洲的不少客户处于起步阶段，没有大笔的资金，就每一个柜拿一部分货，感到在义乌做生意很方便。2001 年 9 月，希拉在义乌成立了外贸公司。得益于义乌市场的良好发展环境，公司建立两年，希拉的客户就达到了 100 多人，外贸生意遍及非洲各国。

2008 年，希拉的外贸生意越做越大，成立了进出口公司，将义乌的商品销往肯尼亚、马里、加纳、科特迪瓦等众多非洲国家以及南美等地。"在义乌的非洲商人大多都认识我，当时绝大多数非洲国家的客户都从我这里进货。"希拉自豪地说。

这些年来，希拉见证了义乌市场的成长。希拉刚到义乌时，市场刚开始发展，随后一步一步发展壮大。现在，市场竞争日趋激烈，在经济新常态下，如何转型发展成为重中之重。现在，外贸生意只有更快地转型升级才能找到新出路。要通过在海外建立工厂、开展进口贸易等方式，打造贸易新优势，以提升竞争力。如今，希拉已在加纳建了海外仓，并在筹备科特迪瓦的海外仓，以更便捷地服务客户。

在义乌，数以万计的非洲人怀揣"淘金梦"而来，在这块创业创新的热土上摸爬滚打，他们将自己的梦想和中国梦紧紧联系在一起。据统计，截至 2018 年 11 月，在义乌有来自非洲 50 多个国家和地区的 2 500 多名常驻外商，每年入境的非洲客商超过 9.5 万人次。

（二）积极向朋友推荐义乌

如今，中国义乌与非洲国家间的经贸往来日益密切。相关数据显示，近年来，中国义乌对非洲出口保持增长势头。2016 年对非洲出口 505.5 亿元，增长 2.7%；2017 年对非洲出口 533.1 亿元，增长 5.5%。通过中国义乌与非洲国家间的经贸往来，中外经济、文化、思想相互、碰撞融合。

十多年来，希拉将义乌这张贸易"金"名片不断发往非洲各国。近年来，希拉还将亲戚朋友带到义乌发展。希拉看到义乌这个市场后，就迫不及待地把这里的商品带回去给朋友看。当时很多朋友都不相信，希拉就买机票让他们到义乌来看。

在希拉的不断努力下，部分非洲官员和越来越多的非洲商人来到义乌考察市场。希拉一直向他们表示，义乌市场注重品牌意识，正用创新、投资和诚信提升品质。义乌商品不但价格有优势，而且质量很好。2018年，他对接了科特迪瓦的政府部门官员赴中国义乌的考察之行，组织他们来义乌考察。

（三）工作生活有滋有味

如今，希拉一家都在义乌生活，四个孩子都在义乌出生，他们中文说得十分流利。希拉孩子的普通话比他好多了，二女儿十分爱好书法等中国传统文化，除了皮肤是黑色的外，其他跟中国人没有差别。

2017年，《战狼2》电影火爆荧屏，希拉的女儿迪安娜在片中饰演非洲小姑娘Pasha一炮而红。从那以后，希拉的名字就变成了"Pasha爸爸"。其实，希拉也在电影里饰演了一名非洲国家的总统。得益于他在《战狼2》中精湛的表演，越来越多的导演向希拉发出邀约。目前，希拉已经参演了3部与非洲相关的影视作品，并前往陕西、广西等地拍摄。在他看来，如果没来义乌经商，自己就没有演员这个身份。演戏作为爱好，已经融入他的生活，让他的人生变得更加有滋有味。

案例十三：里欧在改变中把握机遇

在义乌市国际商贸城充满异国情调的街道上，各国语言的交谈声此起彼伏，鳞次栉比的商铺门口挂着各种文字的招牌。在国际商贸城长春一区，街口的一家店铺门口站着三四个黑人朋友，老板里欧·耐格威在跟客户谈价钱，他的妻子则在电话里跟客户谈生意。这位英文名叫仙蒂的中国姑娘是这家店铺的女主人，她的英文名字是丈夫里欧给她取的。里欧来自尼日利亚，在中国已经待了将近十年，是个地道的中国通，五年前从广州来到义乌。里欧主要的生意是饰品，当他第一次来义乌的时候，在市场里看到了所有他想要的商品。之前，里欧从义乌进货先运到广州，然后运回尼日利亚。到义乌后，他觉得从义乌直接采购运输更加方便，而且价格上有优势，所以里欧把公司搬到了义乌，他的客户直接从尼日利亚处下单，他帮客户采购并把货物从水路运回尼日利亚。

来到义乌后不久，里欧就赶上了当地开展的"市场采购贸易方式"的试点。这是2011年国务院批准义乌国际贸易综合改革项目后，义乌市推出的相关重要举措之一。它给里欧这样主要为非洲中小客户提供采购和运输服务的贸易商带来了很大的便利。义乌市现在实行的市场采购贸易方式从2011年开始试点，是针对类似义乌这样的专业市场且由国家层面顶层设计的一种贸易方式。它跟其他贸易方式的区别是，一个柜子（集装箱）里面可以装多样化的货物，上百种产品可以跟抓中药一样地集中到一个柜里进行海关商检，然后出货。按照以前的传统模式，一个柜里必须是单一品种，如果要运输多种品种的货物，报关单就需要很多，报关的时候每种产品都要抽检，费用很大，成本很高，并且周期很长。这种新的市场采购方式使这些中东和非洲地区的客商愿意到义乌来采购。

义乌是一个建立在市场上的城市，商业氛围十分浓厚，对市场与政策方向的变化感应力非常敏锐：从上百年前每年冬春农闲之时，肩挑"糖担"、手摇"拨浪鼓"去外地"鸡毛换糖"的传统，到 20 世纪 80 年代提出"兴商建县"战略，再到 90 年代中后期从繁荣的内贸向外贸发展……这座独特的城市始终处于变革的前沿。近年来，在全球经济环境疲软和电商对实体市场的冲击下，义乌再次嗅到市场变革的气息，从 2008 年开始推进贸易方式的转型，大力发展电子商务，逐步实现实体与电商的深度融合，使当地电商规模不断扩大并超过实体市场，成为继北京、上海、广州之后的第四体量。在义乌经商的里欧也是这一仍在进行的变革的亲历者和受益人。

里欧觉得电子商务这种形式使生意更加便捷。买家只要上网注册，如注册阿里巴巴，就能很方便地跟客户沟通，按照自己的要求寻找货源，商谈价格。电子商务这种形式让里欧的生意更加如鱼得水，因为他们通过网络能找到更多货源，联系更多的客户，而更多的客户意味着更多的生意。里欧将生意从广州搬到义乌的决定不仅让他获得更丰厚的利润，还让他邂逅了他的中国媳妇，组成了幸福美满的家庭。里欧说，在义乌进货的时候第一次遇见了他的妻子，结果在吃晚饭的时候在餐厅又遇见她了。里欧对她一见钟情，所以他鼓起勇气要了她的电话号码。后来，他们结婚了，并且她成了他生意上的得力助手。里欧的妻子很能干，主要帮里欧从事电子商务方面的工作，如在网上寻找货源、联系客户、议价等，特别是在语言沟通方面，里欧与中国客户的沟通全靠他的妻子。妻子是他生活和工作中都不可缺少的一部分。

义乌这个面积并不大的小城市每年有 50 万外国人口往来，并且现在容纳着 1.5 万余名像里欧一样在当地常驻的外商，他们远离故土来到这里，为了实现自己的梦想而奋斗。他们和所在的城市义乌一样，追随着世界变化的节奏，在一次次的改变中把握机遇，实现发展。稠州北路是外商们吃饭、休闲最集中的地方。一到晚上，这条街便十分热闹，来自中东、非洲等地方的商人们三三两两地聚集在一起，聊一聊这一天的辛苦与收获，整条街充斥着各国的乡音，每个外商的脸上都洋溢着笑容。晚上 9 点半，里欧跟他的非洲朋友在稠州北路的餐厅碰面，像往常一样聊天，交流各种讯息，并在这轻松的氛围中结束一天的生活。

案例十四：金飞要向世界推介义乌

金飞来自阿富汗帕尔旺省，在义乌经商已近20年。作为最早一批驻义乌的外商，金飞在义乌创立了一份不错的事业，也与义乌结下了深厚的感情。金飞相信只有义乌市场好，他们的生意才会好，义乌就是他的第二故乡。他爱这里，爱这里的人们，爱这里的生活。

（一）敢闯敢拼办公司

金飞的办公室就在与国际商贸城一路之隔的福田大厦。他个头中等，眼睛明亮深邃，满面笑容，会说一口流利的汉语。出生在经商世家，扎根义乌20年，他身上透着一股"敢为天下先"的闯劲。金飞与中国的缘分还得从20世纪八九十年代说起。当时，他就开始通过购物网站买中国的商品，那时候种类并不多，以自行车、门锁、缝纫机等商品为主。后来，随着中阿经贸往来的日益密切，越来越多的中国商品出现在阿富汗的集市上。在阿富汗很少有像样的市场，但仍能看到很多中国商品，它们质量好，销路也不错。因此，金飞决定要来中国看看。

1998年，在朋友的帮助下，年轻的金飞凭着一股闯劲，克服重重困难，辗转来到义乌。成千上万个摊位集聚而成的小商品市场，琳琅满目、应有尽有，让初来乍到的金飞产生了浓厚的兴趣，更让他惊喜的是价格。义乌市场上商品的价格比阿富汗集市上便宜很多，而且种类丰富很多。金飞第一次到义乌只待了两个星期就选购了2个货柜、5万元美金的货回去。

从那以后，金飞每隔一段时间就会来义乌采购。面对巨大的发展机遇，金飞最终决定在义乌成立外贸公司。为了尽快融入义乌，金飞特意在当地雇了中国翻译和厨师。经过紧锣密鼓的筹备，2004年，他的公司正式开张，外贸业务顺利开展。多年来，多亏了大家相互之间的信任，金飞的生意顺风顺水。，这多亏了大家之间的信任。金飞说，采购时经常要先赊账后付款，尽管只是口头协议，但因相互信任，生意越做越大。一年多来，他的企业通过积极走出去和引进来，拓展了加拿大、澳大利亚、波兰等多个国家的市场。

（二）热心好客搭"桥梁"

凭借着诚信和敢闯敢拼的精神，金飞还在上海等城市建立了分公司。他的两个儿子也从阿富汗来到中国，父子齐上阵，共同发展事业。

近年来，越来越多的阿富汗商人怀着梦想来到义乌。作为"义乌通"，金飞总是竭尽所能地帮助他们在义乌创业、生活。如果新的阿富汗商人想来订货或开公司，就会去找金飞。据不完全统计，超过 100 名驻义乌的外商在金飞的帮助下常驻义乌。前段时间，金飞帮助一位外国客户在义乌开了家贸易公司，从办理营业执照到租房子、找员工、介绍货代公司，他一手帮忙操办。热情好客的性格让金飞的国际朋友圈越来越广。这群同在异乡的外商经常会聚在一起，节假日出去旅游，去附近的地方爬山、烧烤。遇到困难时，大家相互帮助，互相扶持。为了让更多的义乌人了解阿富汗，金飞还致力推动阿富汗和中国义乌之间的经贸文化交流。近年来，金飞的公司开始拓展进口生意，引进地毯、藏红花等阿富汗特色商品。

2018 年 11 月，金飞的公司亮相首届中国国际进口博览会。展位上人流不息，期间他与众多买家达成了初步的合作意向。在金飞看来，作为新义乌人，他有义务向不同国家的客商推介义乌。他经常跟朋友说，很庆幸自己当初选择义乌作为事业的起点。在金飞心里，他希望自己能架起一座座桥，一座座从义乌通往世界各地的桥。义乌世界商人之家成立以来，金飞积极参与其中。他去一些国家考察时会积极推介义乌市场，邀请当地的贸易商过来，吃、住、行的费用由他出，就算最后不采购，金飞觉得也没有关系。因为义乌小商品性价比很高，这里有他们的机会。

案例十五：德国创客的"富智环球"

傅雷是在义乌做生意的一位德国商人，他每天最开心的一件事就是为自己在世界各地的客户提供和查找商品的信息资料，以及提供各种物流方式。谈起自己在义乌的生意，傅雷很是满意。在义乌，他们可以买到各种各样的产品，十分方便，如他们可以订整个货柜的货，也可以少量地订一些样品，这里的人办事效率很高，合作得非常好。

傅雷是两年前来义乌经商的，他在义乌注册了一家名为"富智环球"的公司，专门做进出口贸易。公司里面陈列着傅雷从欧洲带来的不少商品，如意大利皮鞋、德国啤酒以及法国葡萄酒等，但更多的还是中国各地生产的日用小商品。喜欢穿中国传统服装——唐装的傅雷说，目前他的生意虽然做得还不是很大，但是守着义乌这样一个小商品大市场，他对公司的前景非常乐观。

案例十六：阿巴兹汗的"中国梦"

义乌是全球最大的消费品批发市场，每年约有 50 万海外商务人士访问义乌，其中超过 13 000 人居住在该市。让我们透过这些外国商人在义乌经商的经历，来了解一个新的义乌。

阿巴兹汗是一位巴基斯坦企业家，曾经是小商贩的他现在成立了自己的公司，并与义乌的中国公司开展了贸易往来。他在接受亚太日报采访时说道，2005 年，一个在义乌做生意的巴基斯坦人让阿巴兹汗看到了商机。于是，他开始和中国人做生意。慢慢地，他开始从义乌进口一些商品，其中大多是一些玩具、室内装饰品和厨房用品，然后把它们运回家乡销售。

　　自从在义乌开展业务后，阿巴兹汗的生意开始好转。阿巴兹汗对义乌进口的这些商品十分满意，这些商品质量很好，也比较先进，因此本地的小店主开始从他那里大量购买这些商品。他的成功让其他巴基斯坦商人大受鼓舞，为了寻找商机，其他几位商人也随他到义乌进行采购。因为义乌生产的一些现代商品在巴基斯坦大受欢迎，因此每年都有成千上万的巴基斯坦商人到义乌进行贸易活动。

　　随着越来越多的外国商人来义乌做生意，自 2016 年起，义乌实施了一系列包容性和创新性战略，这些策略涵盖范围广泛，包括为外国人开展涉外商业纠纷调解，为所有国际贸易审批交易提供一站式服务，加强当地人和外国居民的沟通，以及向外国商人发放"商友卡"等，以使他们获得与当地商人同等的服务。

案例十七：最早的义乌国际创客阿孜密

　　作为最早一批到义乌的阿富汗商人之一，阿孜密在 20 世纪 90 年代中后期取道巴基斯坦进入中国，又辗转新疆和杭州等地，最终在 1998 年来到义乌并扎根下来。当时的阿富汗没有自己的轻工业，物资十分匮乏，中国制造的小商品正好满足了阿富汗市场的需求，而且价格便宜，因此销路出奇得好。阿孜密抓住这一商机，做起了贸易。乘着中国改革开放、经济高速发展的东风，他的生意也越做越大，并成立了自己的公司——阿孜密兄弟集团。和往常一样，阿孜密大约在 10 点到达办公室，并立刻投入忙碌的工作中。

　　阿孜密公司的办公室门上挂着 6 个钟，分别显示北京、喀布尔、德黑兰、伊斯坦布尔、汉堡和纽约的时间，这些城市所在的国家如今都是他的公司业务所能覆盖到的地方。这两年，随着中国"一带一路"倡议的推进，我国与"一带一路"沿线国家双边贸易总额不断增长。在这样的大趋势下，阿孜密的公司 2015 年的贸易额达到了 3 000 万元。尽管目前世界经济整体形势不太好，但阿孜密仍十分看好中国经济发展的前景，他认为中国的经济并没有什么变化，仍然在向前发展。

　　也正是因为对中国经济发展的前景充满信心，阿孜密把自己的两个儿子接到了中国来发展，其中一个儿子现在在广州经商，另一个儿子在河北一所大学念建筑工程专业。时间转眼到了下午，阿孜密的办公室迎来了一位客人——义乌市"世界商人之家"理事长赵志刚。"世界商人之家"是一个非营利性民间组织，下设由当地各涉外部门有关人士组建的顾问委员会以及由在义乌时间较长、威望较高的资深外商组成的行动委员会。外商们可以向顾问委员会委员咨询政策法规等问题并获取相关的支持，也可以参加由行动委员会下属旭日公益、丝路文化等各俱乐部的活动，以交流思想、联络感情、获取商情资讯，更好地融入当地社会。阿孜密是"旭日活动"俱乐部的领头雁之一。这个俱乐部每个月都坚持搞公益活动。

赵志刚今天来，是想和阿孜密讨论旭日公益俱乐部四月的活动安排。他们计划在4月中旬向当地山区的一所小学捐赠一批物资。阿孜密向赵刚了解了目前学校师生紧缺物资的情况，很爽快地表示愿意采买一批文具送给那里的孩子们。这并不是阿孜密第一次参与公益活动。2008年汶川地震，他捐款20 000元人民币，他还经常参加探望义乌当地养老院的活动。阿孜密说，自己是中国改革开放的受益者，享受着义乌优惠的贸易政策和舒适的生活环境，能够为当地社会做点力所能及的事对他而言是一份责任，也是一份荣誉。阿孜密认为，如果一个人很富有，能为朋友效劳，那就是好的；如果光是有钱，没有朋友，不帮助别人，那就一文不值。大家应该多交朋友，愿意和朋友们分享，这才是有价值的。阿孜密在这里经商，在这里生活，和中国朋友交往。这里就像他的家一样，当阿孜密遇到困难时，这里的朋友会帮助他，当他们遇到困难的时候，阿孜密也会去帮助他们。如果说通过公益捐助帮助有困难的中国朋友让阿孜密有了更多家的感觉，那么旁听义乌市人大会议并在会后与市长座谈的经历则让他增添了几分参与义乌建设的责任和自豪。

事实上，在两会期间邀请外籍代表旁听并在会后举行外籍人士座谈的做法是2003年由义乌在全国县级市中率先实行并已坚持了多年的特色。2018年3月，当阿孜密第一次作为外商代表之一旁听义乌市人大会议时，他感到既新鲜又兴奋。阿孜密听取了市长林毅做的政府工作报告，了解了市政府关于"一带一路"的发展规划，还在会后的外籍人士代表座谈会上向市长提出了好几项有关义乌市经济社会建设的意见和建议。提起这次参会，阿孜密依然备受鼓舞。阿孜密很高兴能在这里经商、生活。政府把外商和中国朋友们组织到一起进行座谈，倾听他们的声音，探讨对经商政策和饮食、购物等日常生活有关的问题，以及货运、签证等他们很关注的问题，并帮助他们解决这些问题。大家共同的愿望就是中国能够繁荣和发展。

傍晚，阿孜密和赵志刚叫上同在"世界商人之家"的好友到稠州北路上一家名叫"伊斯坦布尔"的土耳其餐厅聚餐。稠州北路被当地人称为异域风情一条街，因为在这条街道上分布着数十家外国餐馆，其中很多都是穆斯林餐厅。空气中飘散着烤肉的香气，每家店的招牌上都混合了中文、英文、阿拉伯语等多种语言，来往的行人肤色、穿着各异，耳边响起的交谈声可能是阿拉伯语、波斯语、英语、韩语或是其他你没听过的外语，让人不免有种置身于国外的错觉。晚上9点，阿孜密和朋友们还在餐馆里交谈，此时的稠州北路上依然人声鼎沸，马路上车辆川流不息，奔驰、宝马等豪车随处可见。回想起当初刚到义乌时街上到处跑着三轮车、外出吃饭几乎找不到清真餐厅的情形，眼前繁华的景象着实让阿孜密感慨万分。 20年前，有义乌的朋友对阿孜密说这里的经济不行，建议他到别的地方去发展，最后阿孜密还是选定了义乌。渐渐地，这里的外商越聚越多，打造起了国际市场，还得到了当地政府的支持，政府为外商提供了很多便利条件，他们见证了这里经济的高速发展，人们的生活也越来越好。